特別支援の子どもにも効果的な書字支援

文字を書くのが苦手な子どものための ひらがな カタカナ ラクラク支援ワーク

杉崎哲子 著

字形イラストと口伴奏で
みるみる書けるようになる!

明治図書

推薦の言葉

帝京大学大学院教職研究科／同　医学部小児科
藤井　靖史

所謂、読み書き障害と言われる子どもは、日本には3％程度いると言われている。読み書きが苦手な子どもは、学習の楽しさに触れることなく学習嫌いになってしまうことが見受けられる。それは、読み書きができないために学習内容が理解できないことが関与していると思われるが、「上手く」書けないために、書いても他人に認めてもらえないことにより、字を書くこと、学ぶことの楽しさを経験できないことも大きな要因ではないかと思われる。

本書は、「書く」ことの苦手な子どもへの支援を目的に編集されたワークブックである。一人ひとり、「書く」ことが苦手な理由は様々である。認知面（形のとらえ方、音と形の一致）、運動面（筆や鉛筆の持ち方や筆の運び）、あるいは気持ちの問題も関与する。第1章では、そうした「書く」ことにつまずく理由が、Q＆Aスタイルで専門用語を使わずに分かりやすく解説されている。そして、第2章では、ひらがな・カタカナの一文字ずつについて具体的な支援方法が分かりやすく示されており、文字を書くことが苦手な子どもをもった保護者にも家庭での学習支援に役立てられる内容となっている。また、小学校の教師にとっても、「読み書き障害」の児童の理解と指導に様々なヒントが与えられるのではないだろうか。

本書は「書く」ことの指導書ではあるが、そもそも人間にとっての「書く」ことの意味についても、筆者である杉﨑哲子先生の考えが述べられている。第1章は、授産施設で作業をする、「書く」ことに嫌悪感さえ抱いていたKさんとのかかわりから書き始められているのだが、杉﨑哲子先生とのかかわりの中で、Kさんが次第に「書く」ことに興味を覚え、やがて「書く」ことを楽しむようになった過程が記されている。本書に示された、何の「ために書く」のかという問いかけは、人にとって非常に重要で本質にかかわる問いではないであろうか。文字が情報の伝達手段である以上、他人に理解されるように書くことが重要であることは当たり前ではあるが、そもそもは純粋に文字を「書く」ことの楽しさがもっと大切にされるべきであることを杉﨑哲子先生は強調されており、改めて「書く」ことの指導の在り方を考えさせられる。

本書はワークブックとして、非常に簡潔に分かりやすくまとめられていているが、単なる指導書としてではなく、「書く」ことの意味を考えさせられる内容になっている。「書く」ことが苦手な子どもの指導や支援にあたる保護者や教師に是非とも一読をお勧めしたい。

はじめに

電車に乗っていても車で通りを走っていても、スマートフォンを片手に指を滑らせている人を多く見かけます。また、学校だけでなく各家庭で、子どもたちもパソコンに向かって文字を「うつ」ことが多くなってきました。ＩＣＴの活用による学習活動の拡大や深化が認められ、障がいを持つ子どもたちの学習にも効果的に導入されるようになってきました。それでも、一点一画を記して「文字を書くこと」が記憶や思考のために有効なことは間違いありません。

しかし、文字を書く学習が、例えば「あ」から「ん」まで順になぞるというスタイルで単調に進められていったとしたら、例えば「あ」はただ「ア（a）」という「音」と結びつくだけで、それでは記号と同じ扱いに留まることになってしまいます。線を辿ることだけに追われてしまうと、手指が疲れて嫌になるばかりで、文字の形をとらえるうえでの、効果が期待できないということが、研究の結果から分かっています。

文字を書くことは、本来とても楽しいことです。文字を知れば、自分の意思で自分の思いを書き留めたり記録したりといった活動ができるのです。心を込めて文字を書き、それを人に伝えることができると、コミニュケーションの輪が、自然に広がっていきます

重要な「文字を書く」学習を、楽しいものにしたいとの思いを込めて、本書を作成しました。

二〇一六年二月

杉﨑　哲子

「雨にも負けず」
授産所で働く方と、静岡大学学生のコラボ作品

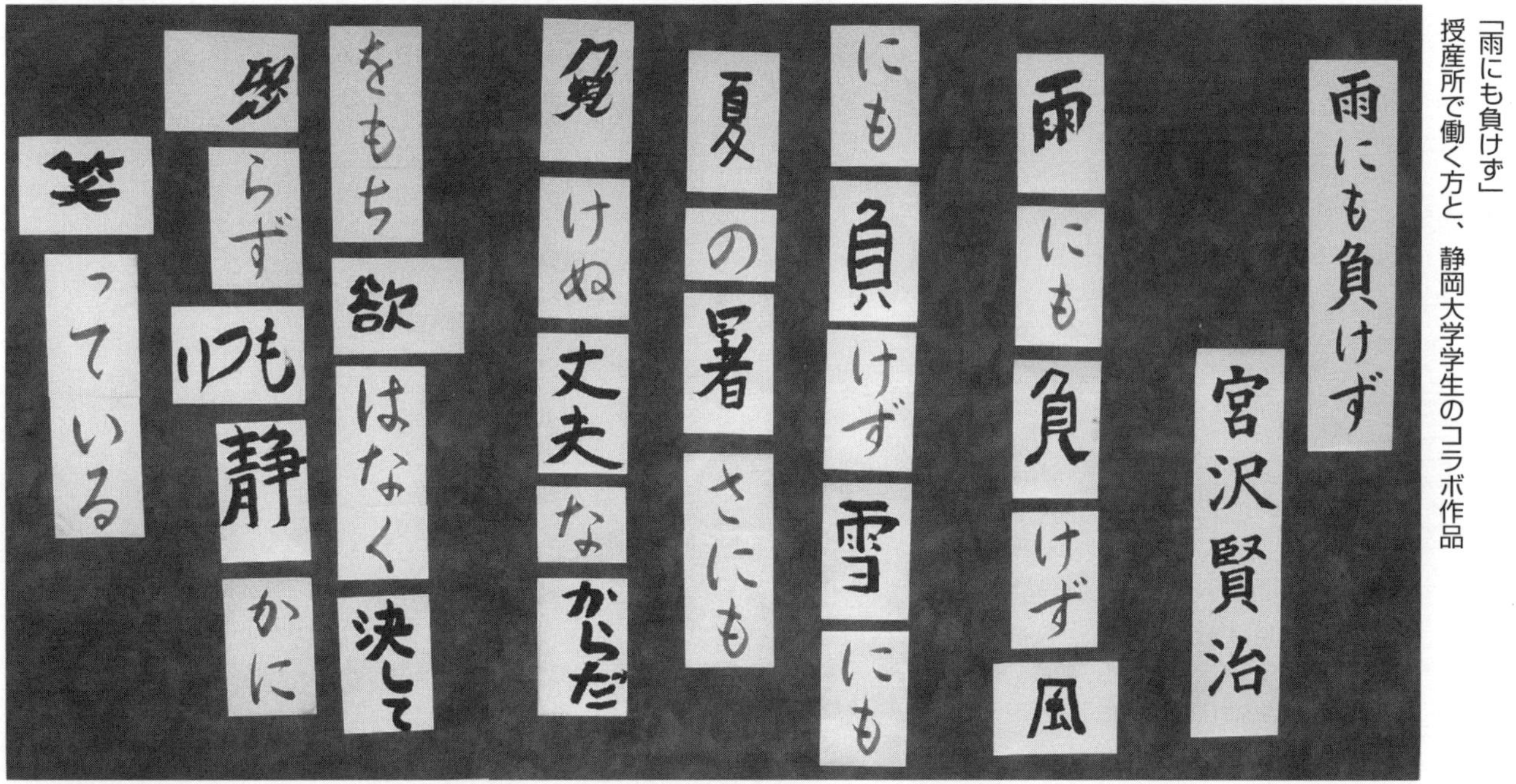

本書の使い方

本ワーク（p.23）を活用した授業での展開例を、教師の言葉かけとともにご紹介します。

1 ワークのイラストに絡めて、話をします。

「で～んでんむしむし，かたつむり……」。かたつむりを見たことがありますか。殻のところが，ぐるぐると渦巻きになっているよ。

2 形状をイメージできたところで、空書きをして動きに結びつけます。

「グルグルグル……」と腕を伸ばして，手のひらで黒板に向かって渦巻きを空書きしましょう。人差し指でグルグルグル……そのまま机の上に，グルグルグル……

3 学習者本人が学習内容を確認できるようにします。

この渦巻の動きをつかって，今日は「つ」と「の」を書きます。

4 解説ページを参考に動きのトレーニングの練習をします。

「なぞってみよう」を人差し指でなぞりましょう。「グル～」とまるめたら，最後は「サー」とはらいましょう。動きが分かったら，筆記用具をもって，線をなぞってみましょう（リズミカルに）。

5 口伴奏を唱えながら、「つ」と「の」を書きます。

声に出して空書きをしましょう。
線を指でなぞりましょう。
持ち方に気をつけて，鉛筆でなぞりましょう。
枠の中に，書きましょう。

6 「こんなことばがかけるよ」や、解説を活用して、発展させます。

「つ」と「の」の書き方は，分かりましたか。ぐるっと返すところやサーとはらうところが分かりましたか。では，「わたしのくつ」と声に出して書いてみましょう。

＊筆記具は、必ずしも鉛筆でなくても構いません。先があまり硬いと持ち方が崩れていくので、フェルトペンやクレヨン、あるいは、鉛筆の場合には、芯の柔らかいもの（２Ｂ以上）を使わせてください。消させて何回か書かせる場合は、消せるペンを使用するのもよい方法だと思います。

＊家庭学習でも、同じような流れで取り組むことができます。発展の部分は、子どもの実態に即して楽しく取り組みましょう。

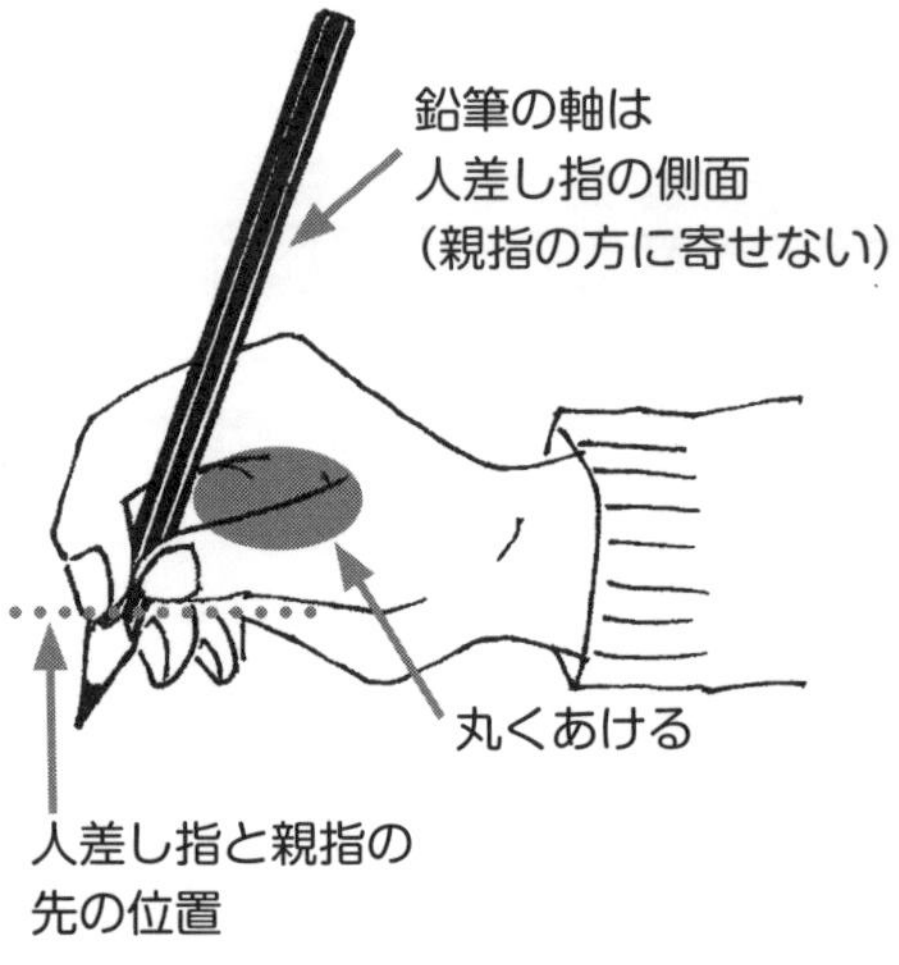

筆記具の持ち方図

ワークページと解説ページの各項目の内容を、誌面とともにご紹介します。

例：ひらがなのページ（上段ワークシート、下段解説）

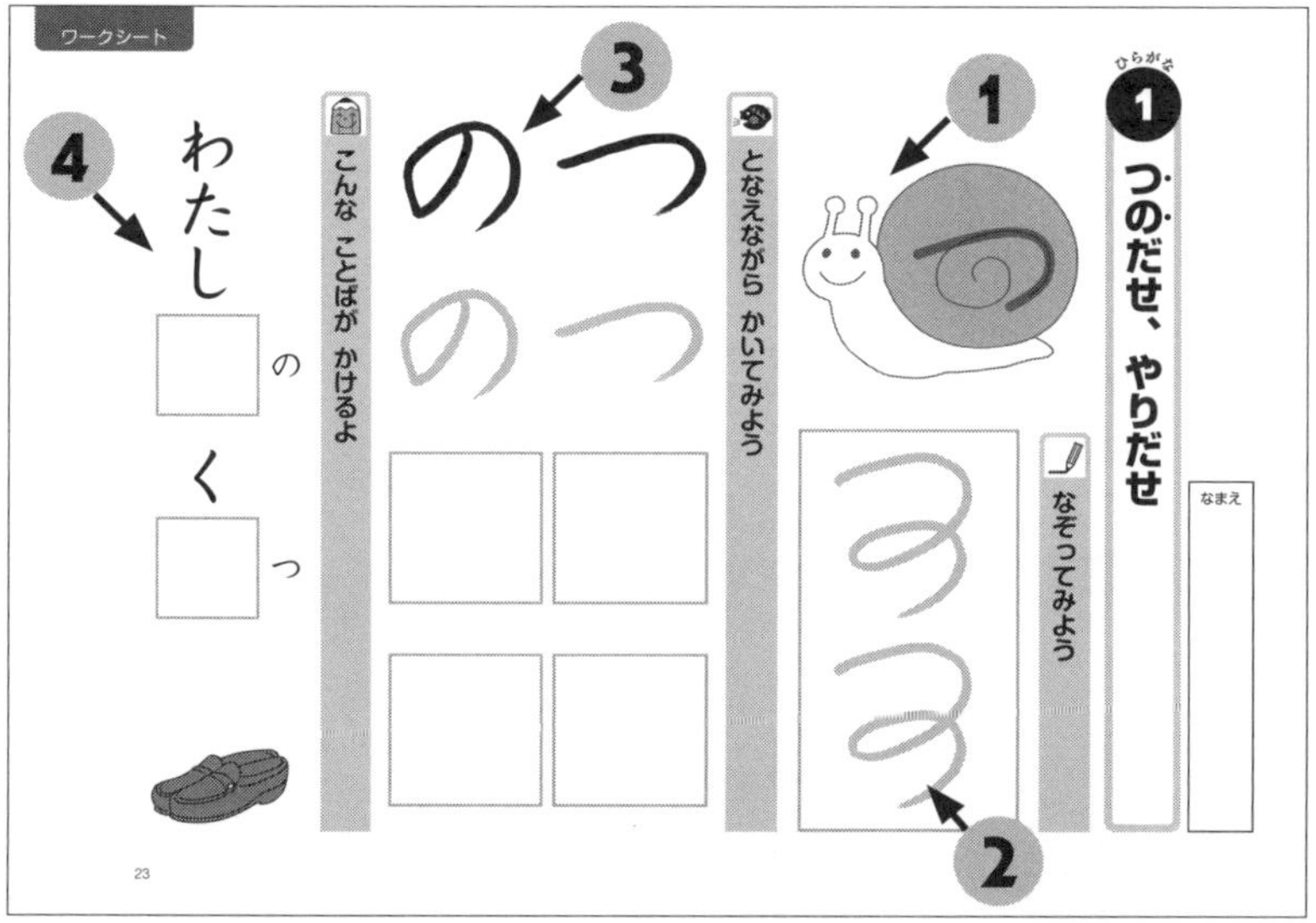

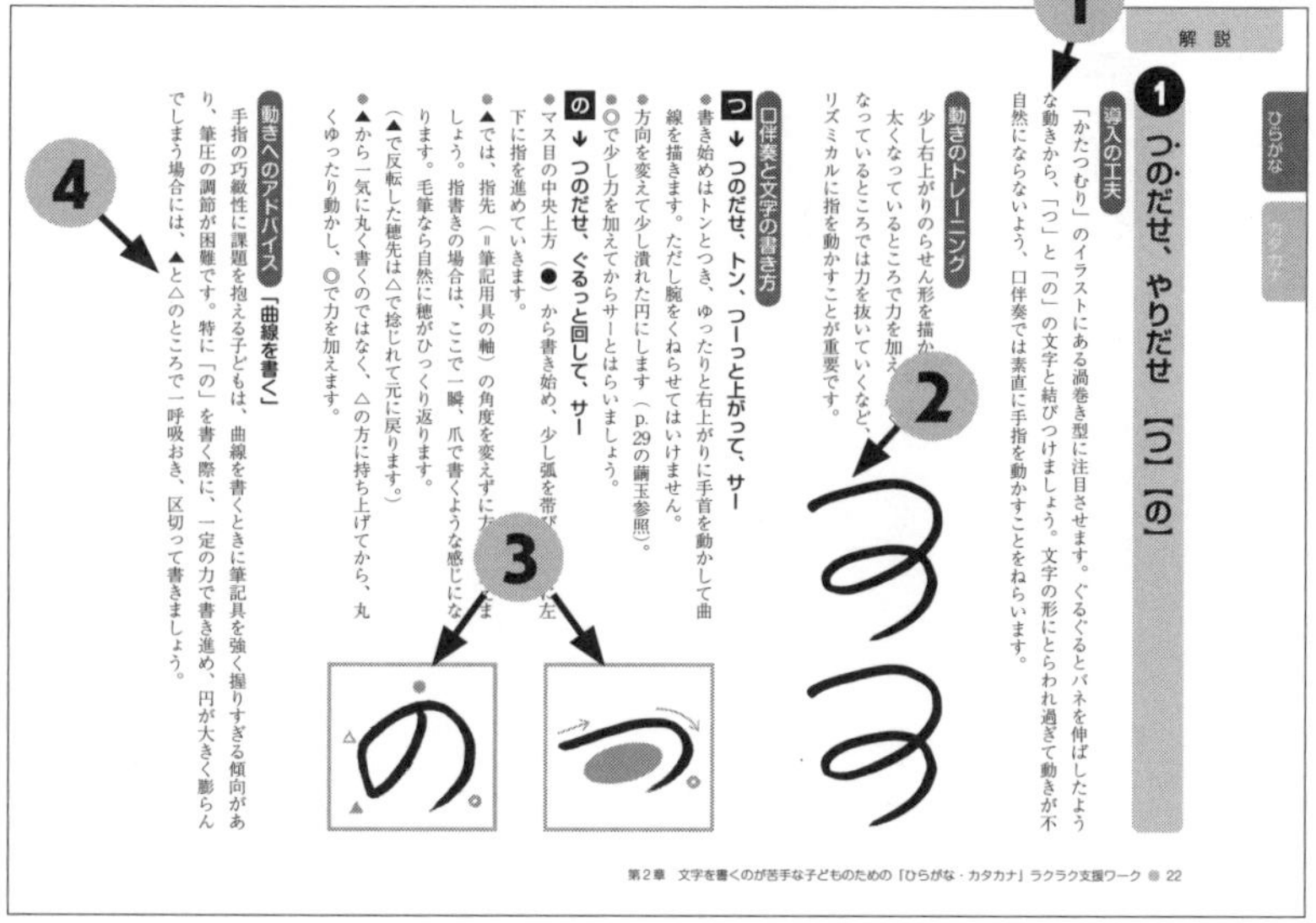
解説

ひらがな
カタカナ

1 つのだせ、やりだせ　【つ】【の】

導入の工夫

「かたつむり」のイラストにある渦巻き型に注目させます。ぐるぐるとバネを伸ばしたような動きから、「つ」と「の」の文字と結びつけましょう。文字の形にとらわれ過ぎて動きが不自然にならないよう、口伴奏では素直に手指を動かすことをねらいます。

動きのトレーニング

少し右上がりのらせん形を描か　太くなっているところで力を加え　なっているところでは力を抜いていくなど、リズミカルに指を動かすことが重要です。

口伴奏と文字の書き方

つ ↓ つのだせ、トン、つーっと上がって、サー

- 書き始めはトンとつき、ゆったりと右上がりに手首を動かして曲線を描きます。ただし腕をくねらせてはいけません。
- 方向を変えて少し潰れた円にします（p.29の繭玉参照）。
- ◎で少し力を加えてからサーとはらいましょう。

の ↓ つのだせ、ぐるっと回して、サー

- マス目の中央上方（●）から書き始め、少し弧を帯び　下に指を進めていきます。
- ▲では、指先（＝筆記用具の軸）の角度を変えずに左　しょう。指書きの場合は、ここで一瞬、爪で書くような感じにな　ります。毛筆なら自然に穂がひっくり返ります。
（▲で反転した穂先は△で捻じれて元に戻ります。）
- ▲から一気に丸く書くのではなく、△の方に持ち上げてから、丸くゆったり動かし、◎で力を加えます。

動きへのアドバイス　「曲線を書く」

手指の巧緻性に課題を抱える子どもは、曲線を書くときに筆記具を強く握りすぎる傾向があり、筆圧の調節が困難です。特に「の」を書く際に、一定の力で書き進め、円が大きく膨らんでしまう場合には、▲と△のところで一呼吸おき、区切って書きましょう。

第2章　文字を書くのが苦手な子どものための「ひらがな・カタカナ」ラクラク支援ワーク　22

1　動きを連想させるイラストです。まずはこれを動機づけにして，楽しく学習を始めましょう。

2　基本の動きを示しています。ひらがなでは「動きのトレーニング」，カタカナでは「パーツのトレーニンング」として扱っています。ワークに直接なぞる指書きだけでなく，空書きによる大きな動きも試してください。

3　解説ページを参考にして，「つ」と「の」の口伴奏をとなえて「書き進め方」を定着させましょう。解説ページでは，口伴奏とともに確認が必要なところには，文字に印をつけてあります。

4　発展として，ひらがなでは「動きへのアドバイス」「応用の意図」「有効な支援」の３つから，カタカナでは「ことばあそび」「つかってみよう」「チャレンジ」の３つから１つを取り上げています。過重負担にならないよう，子どもの実態に合わせて楽しく取り入れましょう。

もくじ

第2章

文字を書くのが苦手な子どものための「ひらがな・カタカナ」ラクラク支援ワーク

あいうえお索引

ひらがな

カタカナ

第1章

「書きたい」を実現！

必ず書ける効果的な書字支援

1 「楽しい活動」だから書けるようになる

「書きたい」ことば

これは授産施設Tで作業をしている二十代の青年K君の作品です。彼は、漢字どころか平仮名習得も不完全です。「自分には文字は書けない」と諦め文字を書くことに嫌悪感さえ抱いていましたが、書展で仲間の書を見てから「書きたい」と言い始めました。

「め」の字を書こうと張り切って筆を走らせましたが、うまく書けません。そこで、

「ばってん、くるりん」

と伝えました。

書いてはみたけど、どうも変……。今後は、

「角を出すよ」

とアドバイスしました。

慌てて角を二つ書き加えて、会心作「ゆめ」が完成し、彼は「ゆ」「め」をしっかりと自分のものにしました。

以来、彼は毎日カレンダーに字を書き込むようになったそうです。お礼の手紙も書いてくれました。その後のイベントにも積極的に参加し、色んなことばをのびのびと書いて楽しんでいました。

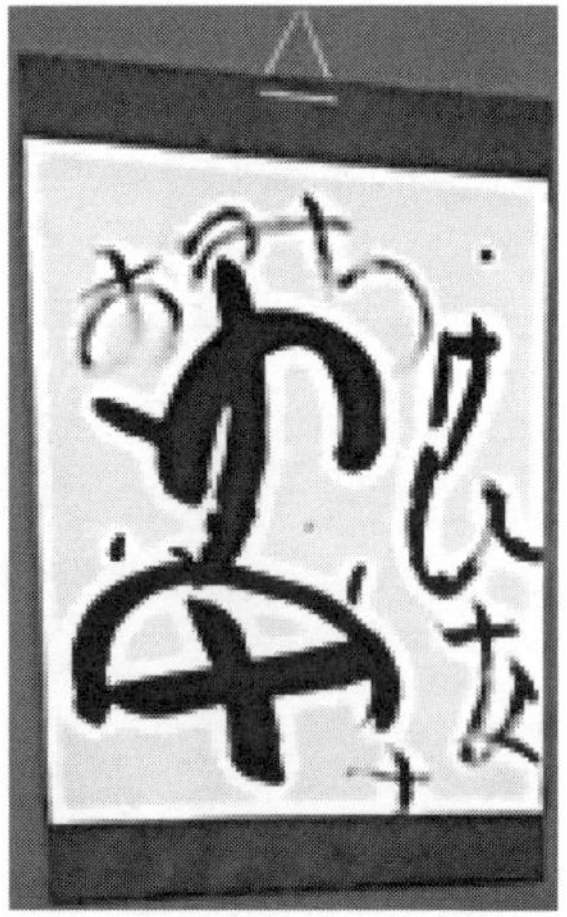

K君の書いた「ゆめ」

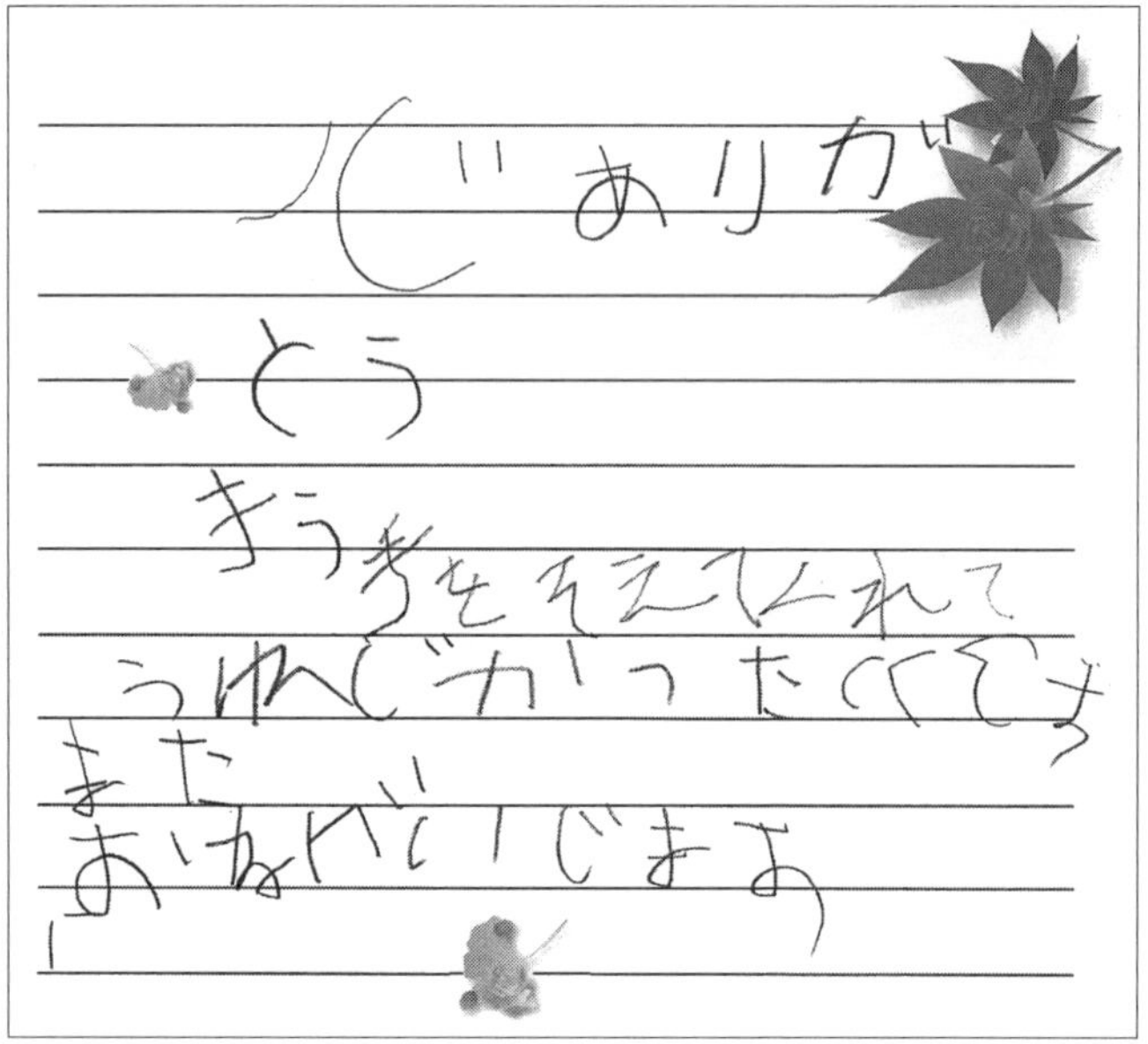

K君からのお礼の手紙

「伝えたい」思い

皆が大きいテーブルを囲む位置に座って一緒に作業をしている中、一人の女性だけが壁側を向いて黙々とビーズ通しをしていました。彼女は五十代。知的障がいで自閉的、自分の椅子にしか座れず、人の手が触れるドアノブを触れないため、自宅以外ではトイレにも行けないよう

な極度の潔癖症です。他人と道具を共用する組紐製作やコースター磨きは到底やれないということでした。

数日後、学生二人を連れて訪問したところ、その女性が真っ先に書道用具を置いたテーブルに近寄り、共用の椅子に座りました。それから、躊躇なく私の持参した使用済みの筆を手にしたので、職員さんたちがとても驚かれました。

彼女は、優しい筆使いで

「ありがとう」

と書きました。ずっと面倒を見てくれている年老いた母親に伝えたいことばでした。

書き終えて、支援していた学生の手を強く握り「ありがとう」と声をかけられたので、職員さんたちが、口々に「信じられない」「奇跡だ」と言われました。

イベントにも積極的に参加し、いろいろなことばを書きました。ボーリング場や映画館にも出かけられるようになり、今では皆と一緒に組紐製作に励んでいます。五十年程も人との交わりを避けてきた彼女の心は、「伝えたい」思いを書くことによって、一気に解放されたのです。

「書く」は楽し……、「見る」も楽し……

書道展は、来場者に感動を与えてくれますが、それだけではありません。自分の書と再会でき、参加者自身も感激します。

控えめで会話のなかった御兄弟は、「禁煙」や「ダイエット」などの身近な言葉を楽しんで書き表し、満足気に鑑賞されていました。お兄さんの方が、みんなに「学生さんにお礼の手紙を送ろう」と呼びかけ、インタビューして感想をまとめてくれました。それだけでなく、全員が個人的にも手紙を書いてくれました。

本来、書字とは楽しいものです。初めて文字を書けるようになった幼な子が、心から喜ぶことからも、文字を書くことが、どんなに楽しいことか分かります。しかし、書字は困難だから読めればよいと考えられがちで、後回しになることも少なくないようです。あるいは、覚えさせたい一心で、「最初になぞり、その下に○回書きなさい」というような指示をすることも多いように思います。すると真面目な子どもたちは、鉛筆を必要以上に強く握り、机を抱え込むようにして一生懸命書くという構図ができあがります。手の側面を鉛筆で真っ黒にして、指にはタコができてしまいます。こうやって、K君のような書字嫌いを増やしているのかもしれません。

そんなK君も、「書き進め方」を提示したら、文字を覚えられるようになりました。「書きたい」と思うことばを書けるようになったことによって、書字学習に対する主体性が湧き上ってきたのではないでしょうか。

車いすから降りて

書字支援の出発点

私は、教員養成系の大学で国語講座に所属し、書写書道を専門領域として教育や研究を進めています。授業の一環で、書道体験のイベントと書道展を開催してきました。

ある人は、リハビリのためにと文字を書きました。別の人は、人に思いを伝えたい一心で、自分の選んだことばを大筆で書きました。字が書けない人は絵を書き、車椅子から降り床上に這って、全身の力を込めて筆を走らせた人もいました。

学生は、授産製品の付加価値を高めるために、心を込めて製品のイメージにあう書を制作しました。そして、参加者の作品を表装し、書道展「ために書く」を開きました。翌年は、学生と参加者とのコラボ作品の制作も加えて、書道展「ともに書く」を開催しました。その中で、「文字を書く」ということの本質に気づかされました。

「お父さん大すき」

文字を書くのが苦手な原因は様々ですが、大きくは認知面と手指の運動面とに分けて考えられます。これらは明確には切り離せず、相互に関係し合っています。学習支援では、認知と運動のどちらに有効に機能するかを確認する必要があります。例えば、肢体の障がいで手指の巧緻性に問題がある場合は、使用する筆記用具や持ち方等を工夫します。知的障がいの場合は、特に字形のとらえ方に対して支援を要します。両方という場合も多く、発達障がいと言われる児童では、書字学習に向かう気持ちの部分が問題だというケースもある等、障がいの程度や種類は個々に異なります。

どの子にもぴったりと該当する方策は示せないにしても、学習障害のケースも含め、できるだけ多様なケースの書字が苦手な子どもたちの力になりたいと思いました。文字を書くことについて、障がいの有無や程度に屈せず、子どもたちの可能性を引き出したい、積極的に文字を書くの楽しさを味わってもらいたいと思っています。

本書に込めた思い

文字を書くことをストレスに感じると学習は長続きしません。そこで、「書きやすさ」を意識して「書き進め方」を示すことが重要だと考えています。

一般的に書字学習で用いる「なぞり」は単に線を辿る行為に陥るため、記憶には「視写」の方が有効です。しかし、**手指の動かし方**という視点で「なぞり」を活かすならば効果があります。それが、**「動きのトレーニング」**です。

また、提示の順序も重要です。平仮名の学習では、「あ」から五十音順に扱い、先に「なぞり」で線を辿らせ、その字を使った言葉を提示し、書かせる方法が多く用いられます。しかし、これでは単調で訓練的な反復に陥り、手指を痛める事態を招きかねません。苦痛を伴う学習は、定着しないどころか書字に嫌悪感を抱かせてしまいます。

「なぞり」の際は**「書き進め方」の提示**が必要になります。手指の動きで認識を助け、音声化した**口伴奏で確認**すれば、聴覚も認識に一役果たします。さらに視覚の面では、字形や書き進め方を**身近なものの形状から想起**させる工夫が考えられます。書字のハードルを下げることにも、動きのトレーニングは有効に機能するでしょう。

そうして身に付けた基本の動きやパーツを使って書く**「グループ編成」**が鍵になります。子どもたちは単なる経験の寄せ集めではなく、経験したことをもとにして考え関係づけることによって、内部から構成して知識を獲得していきます。手指を動かす経験を通して、自分自身で「グループ」分けの意図を感じ取り構成していきます。

最も重要なことは、文字を**「ことば」としてとらえる**ことです。子どもたちは、はじめから書き言葉に意味が表れているということには気づいていても、書き言葉と話し言葉の音声と関係しているとは考えていません。その後、まず音節に焦点を当てて、書き言葉と話し言葉とを音声的に関係づけるようになっていきます。そこで、読むことと書くことを分離せずに取り組むことが重要になってきます。

例えば、電話機のコードの形から「も」と「し」を想起させ、「もしも〜し」と電話での応対場面を扱い、「もし……」という仮定状況の会話に発展させてみましょう。あるいは、スカートの裾が広がる様子から「ス」の字形をイメージさせ、「ヌ」や「メ」「マ」との混同を回避しながら、「ヌメヌメたまご、ヌマを『スみか』にがまがえる」と声に出して楽しみましょう。

今、子どもたちは、個々の思いや考えを自由に話していますか。大人が決めたパターンの応答やオウム返し発言に留まらせず、自ら発することばを育てましょう。

2 Q&Aで解決！書字支援のよくある悩み

ここでは、先生方から届く、よくある悩みにお答えします。

Q1 文字が大きくなってしまいます。

A1

ある先生から「文字が大きくて困る」と渡されたY君のプリントには、読み教材の感想の欄に収まりきらず、周囲の余白にまで乱雑な文字が埋められていました。

私は、Y君に、「いっぱい書けて偉かったね」と声をかけました。内容が重要ならば、「書きたい気持ち」を大いに評価するべきであって、「読みやすく書く」意識までを要求する必要はなく、彼が書きたいだけ書けるように別の紙を渡してあげればよかったのです。漢字書き取り欄ではほんの少し枠からはみ出していただけなので、全く問題ないとは思いましたが、支援担当の先生から要請を受け、「文字を小さく書く」ための実践をしました。以下は、そのやり取りです（S＝杉崎）。

S「先生は猫が好きだよ。飼ってないけどね。Y君のお家は、猫か犬を飼ってる？」
Y「猫、飼ってるよ」
S「そうなんだ」（一匹の猫の絵を見せる。）「一匹だけ？」
Y「違うよ。最初は、お母さん猫一匹だったけど、最近産まれたよ。二匹も……」
S「すごいね。かわいいでしょ」
「このお家に入るかな」
（小屋の絵のプリント配布、別の猫の絵を見せる。）
Y「入るよ」
「もっといっぱい産まれても、入れてあげられるよ」

Y君は、小屋のなかに、「ねこ」をたくさん書きました。それ以来、小さく書けることを自慢するほどになりました。好きな動物でも家族の名前でもよいので、段々に小屋（枠）を小さくしていくのです。あるいは、書きたいだけ書けるようにノートをB5でなくA4サイズに大きくするのもよいと思います。ある児童はそういう対応をした後、しばらくA4サイズのノートを使用していましたが、扱いにくいと自分でB5に戻し、意識的に小さく書くようになりました。教員側が罫線もないプリントを渡したら、文字も大きくなって当然です。読みやすい大きさで書くことを要求するのならば、そう書けるように工夫すればよいのです。

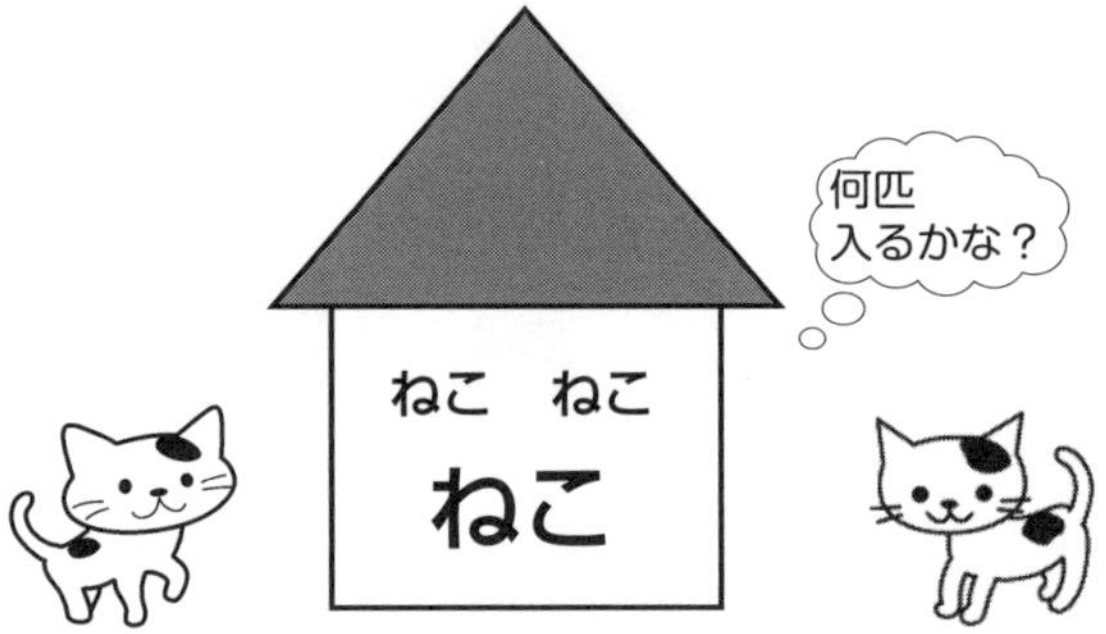

Q2 形をとらえるのが苦手です。

A2

まずは児童にとって見えやすい提示の仕方を考えましょう。大きさもそうです。拡大が必要な場合もあります。黒板にチョークの場合と、ホワイトボード（白地に黒字）の場合とでは、線の太さや印象が異なるので、それぞれに注意が必要です。

視覚的な情報処理が苦手な子どもには、外形、長さや位置をイメージしやすくするよう工夫してください。身近なものの形から想起させるのも、工夫の一例です。文字縦横比や点や線の連続など、外形や全体の印象をとらえてから部分に注目させます。このときに、書式（縦書きか横書きか）を混在させないように注意しましょう。

授業では、空書きの効果も利用しましょう。空書きは運動をとおして、脳内に字形を再生してくれます。このとき、文字を無機質な線として示すのではなく、具体的に言語化して、運動の方向も含めてとらえさせ（＝見せる）、位置のとらえを容易にします。

形の比較も手立てとして有効です。27ページの栗のように、ものの中にかくれんぼしているととらえることによって、字形への意識を高めてくれます。

Q3 不器用で手指がうまく動きません。

A3

「不器用」という語に象徴される手指の巧緻性の問題は、様々な事例が挙げられます。「筆圧が弱い・強い」あるいは「線がゆれる」という場合は、筆記具の種類とその持ち方を見直す必要があります。

筆記具として、学校では主に鉛筆を使用します。親指、人差し指、中指に加えられた圧力は、筆圧となって紙面に加わります。そのとき、紙面からも手指の方に力が加わるので、「硬筆」というとおり、紙への接触点では、「硬さ」を感じます。その点、毛筆のような軟筆は、穂先に弾力があって手指にかかる負荷を軽減してくれます。これを緩衝《かんしょう》作用といいます。

持ち方によって、手指にかかる負荷はさらに大きくなり、硬直傾向のある児童の場合は必要以上にギュッと握ります。その場合、鉛筆の軸にハンカチを巻く等して手のひらを丸く構えさせます。軸径の太いものを握るときには、握圧が弱まるからです。

持ち方の問題が解決できたら、今後は、文字毎の力加減（筆圧の加え具合）です。本書では、聴覚情報を補い、口伴奏によって手指（身体）の動きを意識させています。例えば、「ながーく」や「サー」という口伴奏で、伸ばすことを伝えます。点画を構成する段階では、その手順を「書き進め方」として提示します。

書字が困難な児童の場合には、「書き始め」の時点で、筆記具の先（紙との接触点）が泳ぐことが確認されています。そこで、最初に紙に触れる（ペンを下す）位置を決める指針が必要です。マス目を十字に分割して、「1の部屋、2の部屋、……」とする方法は、普通学級でも基本の指導とされています。

転折（おれ）がはっきりしない場合には、方向を変える地点を意識化させるために、転折部分にガイドになる点を打つことをおすすめします。

物理的な方策としては、筆記用具に合った適切な下敷きを使うことや、滑り止めのマット、文鎮を使うことも必要でしょう。利き手でない方の手で紙を押さえることを徹底すると、姿勢もよくなります。角のたくさんある消しゴムなども販売されていますので、本人が使いやすい文具を使うようにするとよいでしょう。

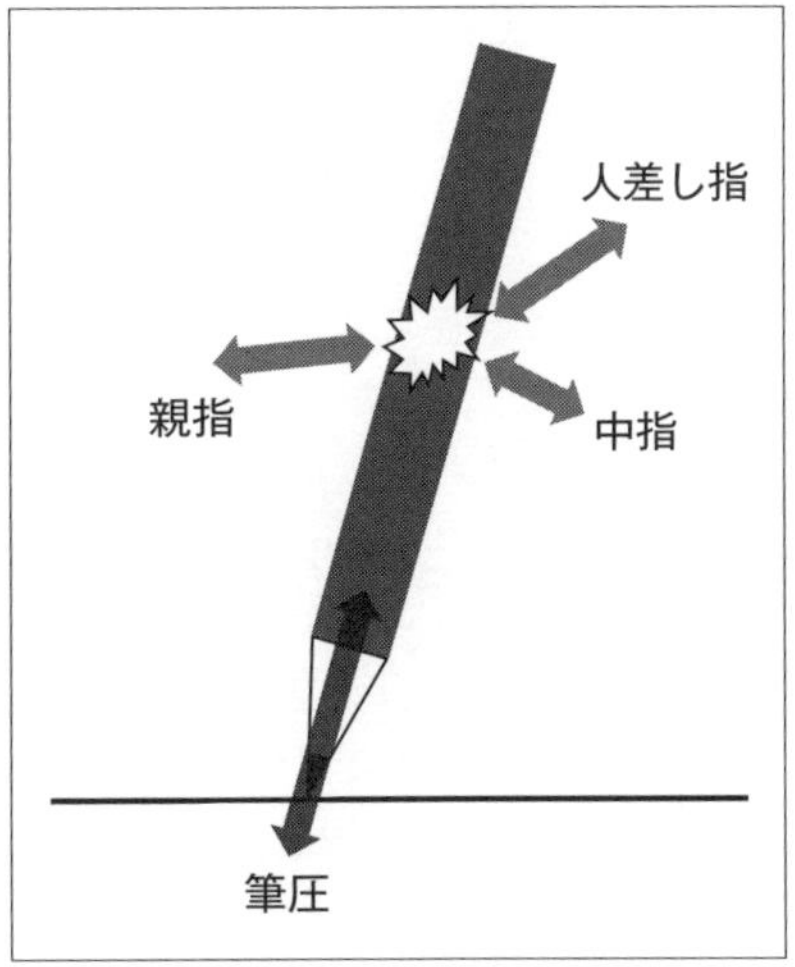

筆記具を持つ際の手指にかかる負担

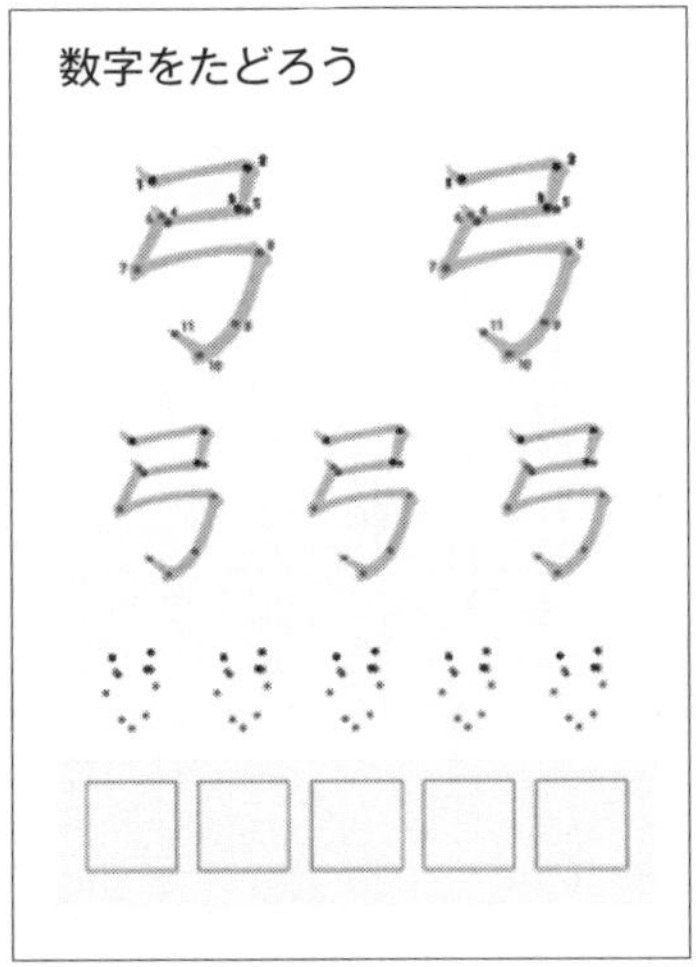

転折部分にガイドの点を打った教材

Q4 ノートへの視写や聴写で、注意することは何ですか。

A4

「ノートにちゃんと書けない」という場合、その多くは、児童の見方や聞き方が問題なのではなく、指導者側の与え方に問題があることが多いように思います。例えば、ノートに詩の一節を視写させるとしましょう。板書を写させるならば、指導者側も児童と同じマス目や罫線になるよう意識的に板書する必要があります。書くための時間を確保し、「書き進め方」の指示以外に余計な話をしないということも大事です。何よりも、目的によって、児童の実態に合わせて、書かせる内容の精選が先決です。書けば定着を図れるとはいうものの、それが負担感に結びついたら逆効果です。

視写は、はじめは左右に首を振りながら一字一字を写し、徐々に文でとらえていきます。視写が苦手な児童は、集中して見ていないというよりも、相変わらず一字一字を写しているのではないでしょうか。それでは疲れるばかりで誤りも多くなります。

二年生のH君は、母が外国人ということもあって平仮名がようやく書けるという状態でした。時間をかけて丁寧に視写した彼のノートには、「おおきいなかぶ」と書いてありました。しかし、「おおきなかぶ」と音読してからは、正しく書けるようになりました。ことばのまとまりでとらえ、声に出して確認し、ことばのまとまりとして文字を再生する流れになるのです。特別支援では、充足できない機能を他の機能で補って、結果的に五感をフル活用するということになります。

書くのが遅く時間がかかる児童に対しては、書かせたい目的を明確にし、書かせる内容を限定する必要があります。余裕をもって時間を設定し、書く量を調節しましょう。個々への対応という点では、書けた子には自分でことばを作らせるなど、時間的な解決策を大事にしましょう。

Q5 口伴奏の効果について教えてください。

A5

五感をフルに使うということの一つに、聴覚情報の口伴奏を挙げることができます。本書では、声に出して響きを楽しみ、視覚情報と聴覚情報とを結びつかせています。

一般的には、学習する文字が含まれることばの音声化が多いのですが、ここでは一字一字に着目し、書き進めていくストロークを作り出すための口伴奏になっています。

ただ、せっかくの口伴奏も、聴覚情報の処理が困難な児童にはあまり効果が期待できません。その場合は、動きのトレーニングも含め、指で辿ることを重視します。思い出しやすいような手立てとして、身体の動きとリズムとの一体化をおすすめします。

Q6 身体でとらえることには、どんな意味があるのでしょうか。

A6

既存のワークブックは、主に直線や曲線を書く練習や、点つなぎ、線なぞり等が取り入れられています。迷路にして線を辿っていく工夫も見られます。しかし、それらは実際の文字につなげる時点に段差があって、その後のステップが体系化されていなかったように思います。そこで、本書では共通の動きで文字をグループにしているのです。

ボディイメージ（身体像）とは、無意識化で自分と空間関係の理解を進めていくための脳の機能です。これが確立できないと客観的な空間での位置関係を把握できないわけで、字形認識にはボディイメージが関係しています。また、それが、ラテラリティ（利き側。ある機能に関して、身体のある側の動きが他の側よりも優位になる動き）の確立にも関係すると言われています。ラテラリティは、身体の正中線を意識し、両手が正中線を越えて使用できることによって確立するので、まずは空書きや大きく指で書くことから始め、その後に筆記具で書くというように段階的に進めてください。

Q7 形よく書ける必要があるでしょうか。

A7 本書が「書写」の目線で、細かく形よく書く方法を解説しているように思えるかもしれません。しかし、これは、文字本来の無駄のない動きを示しているに他なりません。字形を単純化して提示したワークブックの文字からは、「書き進めた軌跡」を感じ取ることができないのです。Mさんの「す」の字（下図右）も、おそらく、誤魔化した「す」を見て覚えた結果の誤りでしょう。このMさんも、本書に掲載した「こま、このまま……」の声かけによって、自分の名前の「ま」を書けるようになりました。

細かな指示のとおりにできなければならないというものではなく、要は、指導者が状況や個々の状態に応じて配慮すればよいのです。文字を書くこととは、ともすると字形に気を取られ、記号のように扱われがちですが、しっかりした理念に基づき、手指の自然な動きの書き方を示すことこそ「書き」習得の近道だと考えています。

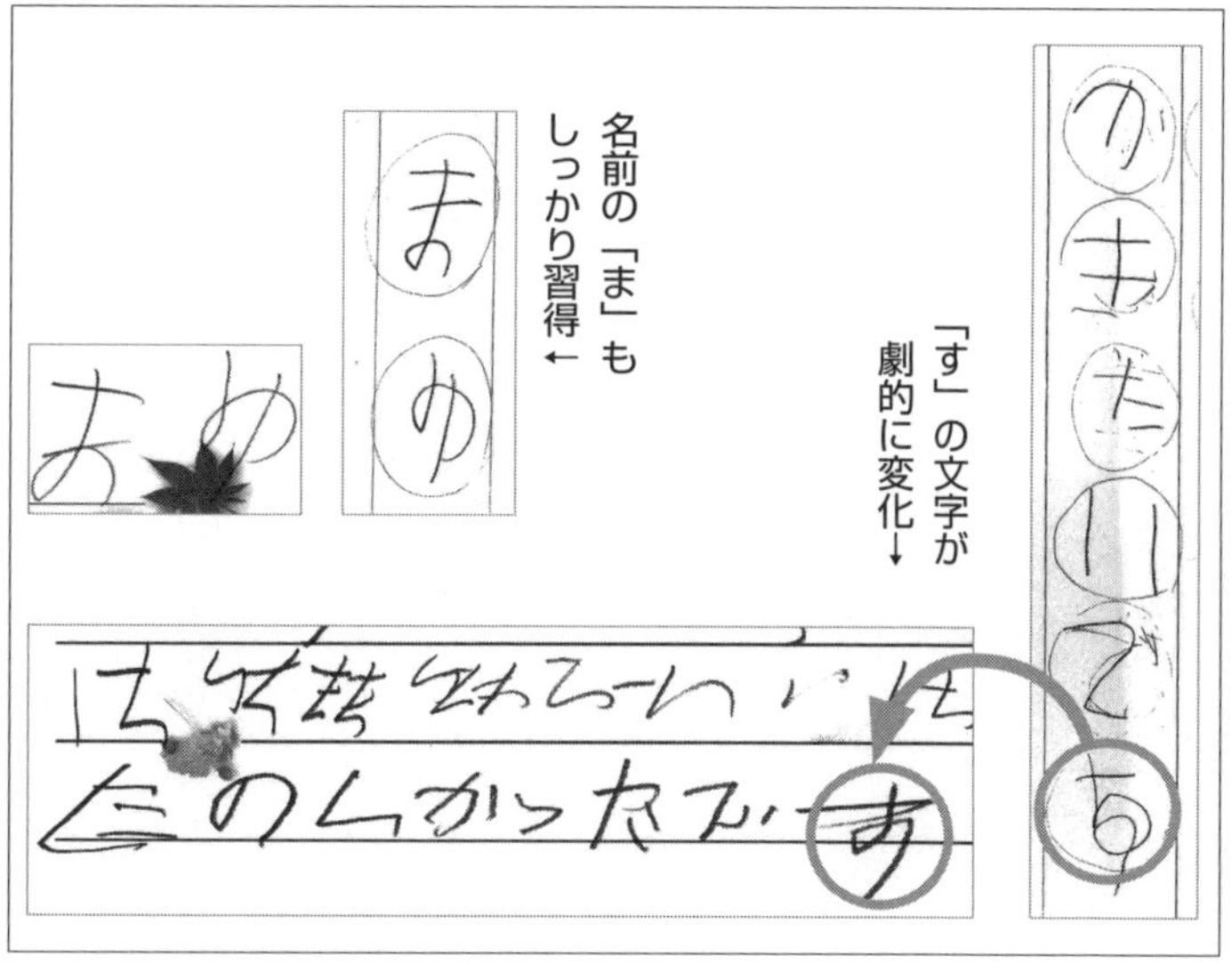

「す」の文字が劇的に変化↓
名前の「ま」もしっかり習得←

Q8 文字を読むことと文字を書くことは、どう関係していますか。

A8 眼球運動の研究から、日本語を読んでいるときは、眼球は二〇〇から二五〇m秒停止し、二から五文字を一度に読み取っていることが報告されています。流暢に読むには、読み取りの時間も一定であることが必要になります。読み障がい児は、平仮名一文字を読むときの反応時間が長く、文字数が増えるとさらに反応時間がかかります。

特に視写の場合には、「ことば」を読んで、眼球運動を補うとよいというわけです。このとき、筆記具を持つ手が右手であるか左手かによって、手が提示の文字（文）を隠す場合が生じます。用紙の向きを少しずらす、提示の文と記すスペースとの間隔を工夫する等、「文字を読む」際の配慮をしてください。

Q9 「ことば」が増えません。書くことによって解決できるでしょうか。

A9

ことばが出ない、ことばが増えない、ことばがつながらないという悩みは、よく聞かれます。言葉の働きについて、①思考、②コミュニケーション、③他人を動かすこと、④感情を表出すること、⑤自己表出をすること……というようにとらえることができます。

ところが、一般には、ことばの働きとして情報の伝達が強調され、感情表出の機能が忘れられがちだということも指摘されています。

障がいのある子どもは、周囲の人との間にことばの機能を介した結びつきをもてないことが多いため、言語でそれができなければ、非言語的な手段でのコミュニケーションを可能にするということになります。しかし、非言語な方法が許される幼児期を越えると、話すことが強要され、結果的に、形骸化した言葉を無理して教えてしまう場合があります。それに対して、自分の思いを文字によって表現できるという経験は、ことばを発する契機になると考えます。

言語を獲得させる支援の重要な部分は、大人が子どもに対してどのように働きかけるか、子どもからの働きかけに対してどのように応答するかということであり、コミュニケーションそのものです。つまり、コミュニケーションのないところにことばは育たないのです。こころを受け止めてもらった経験が、学習に対する動機づけにも、将来の社会性の形成にも重要な役割を果たすことになるのです。

書道体験による参加者の変化は、個々の思いに寄り添った学生の書字支援によってもたらされた最大の効果によるものといえるでしょう。

Q10 落ち着いて学習に集中できず、特に書字には興味がないようです。

A10

「楽しくなければ集中できない」「負担に感じることはしたくない」

誰でも、そうでしょう。慣習的な読み方や書き方を強制せず、ことばを使って楽しく遊びながら書く活動を取り入れることが重要です。

繰り返し述べたとおり、知識は、単なる経験の寄せ集めではなく、経験したことを子どもたちが関係づけ、考えることによって内部から構成されるものなのです。ですから、自分が間違いだと思ったときに訂正するのであって、教えられてそうするのではありません。子どもの間違いを一方的に訂正したり教え込んだりしないで、児童の内部からの訂正を待つようにしましょう。自らが記したいと考えて紡ぎ出すことばを大事にするような書字学習ならば、きっと、興味を示してくれます。

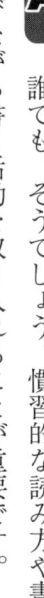

第2章

文字を書くのが苦手な子どものための
「ひらがな・カタカナ」ラクラク支援ワーク

ひらがな指導アドバイス

私たちの祖先は、中国から伝えられた漢字の「音《おん》」を借りて、自分たちの言葉を書き記すことを始めました。これが仮名の起こりで、平安時代に漢字の草書体で書かれるようになり、さらに、その後も簡略化が進んでいきました。「寸松庵色紙《すんしょうあんしきし》」や「高野切《こうやぎれ》」などの仮名の古典は、なめらかな曲線で、今も多くの人を魅了しています。古くは、一つの「音《おん》」に対していろいろな文字が使われていましたが、明治三十一年に一音一字に決められました。

現在、日常生活で使用されている漢字は、次ページのような漢字がもとになっています（これを「字源」といいます）。仮名の誕生という視点では、字源の草書体から連続させて動きをとらえるのが自然ではありますが、児童には難解なため、ここでは身近なものの形を取り上げます。

小学校で学習する平仮名は、楷書との調和を考えて、「平仮名本来の曲線を直線的にする」「連続的な筆使いを弱める」などして、「一点一画」として数えられるように工夫されています。しかし、もともとつながりのなかで生まれてきた文字だけに、形としてのとらえが難しいのも事実です。そこで本書では、つながりのパターンを分類し、その一部分を切り出してトレーニングする方法を用いています。ウォーミングアップには、腕全体を使った体操「ぐるぐる渦巻きと逆回転（№1、9：p.23、39）」と、「トントン左右とトントン上下（№2、8：p.25、37）」がおすすめです。

ワークの進め方は次のとおりです。

1 イラスト文字でイメージしよう

動きの面で共通する文字をグループ分けにして、タイトルのことばに、その文字を含めています。声に出して学習する文字を確認しましょう。身近なものの形から動きを想起させます。

2 なぞってみよう（動きのトレーニング）

ここで、口伴奏を手立てにして、まず「空書き」をします。その後に「指書き」で確認したら、ここではじめて「筆記具を手にして書く」というように段階を追って学習を進めます。

3 となえながらかいてみよう（文字の書き方）

実際に書くところの規範文字は書写的にも対応させて書いてあります。しかし、それは、例えば「はね／か の一筆目のみにあります」や「はねだし」の部分など、リズムが線の形状になって表れるためで、つまり、この動きが無駄のない動きだからです。したがって、評価する側が、子どもたちの書いた文字を細かくチェックする必要はありません。

4 こんなことばがかけるよ

解説ページでは、発展として、「動きへのアドバイス」「応用の意図」「有効な支援」という三つの視点で説明を加えています。動きについての説明を加えたり、掲載した言葉の意図をお伝えしたり、書字全般に言えることをくわしく述べたりするなど、主に、このグループに関係することを挙げています。実践の際、参考にしてください。

ひらがなの字源

あ	か	さ	た	な	は	ま	や	ら	わ
安	加	左	太	奈	波	末	也	良	和
い	き	し	ち	に	ひ	み		り	
以	幾	之	知	仁	比	美		利	
う	く	す	つ	ぬ	ふ	む	ゆ	る	を
宇	久	寸	川	奴	不	武	由	留	遠
え	け	せ	て	ね	へ	め		れ	
衣	計	世	天	祢	部	女		礼	
お	こ	そ	と	の	ほ	も	よ	ろ	ん
於	己	曽	止	乃	保	毛	与	呂	无

ひらがなの筆づかい

平仮名は漢字の草書がもとになっています。例えば、「あ」の字源は「安」で、他に「阿」や「亜」も使われていました。縦書きで次の字に向かって続けていくとき、「安」の草書の最終画からの動きが、「あ」の「おおまわり」（右上から左下にはらうストローク）の形になりました。

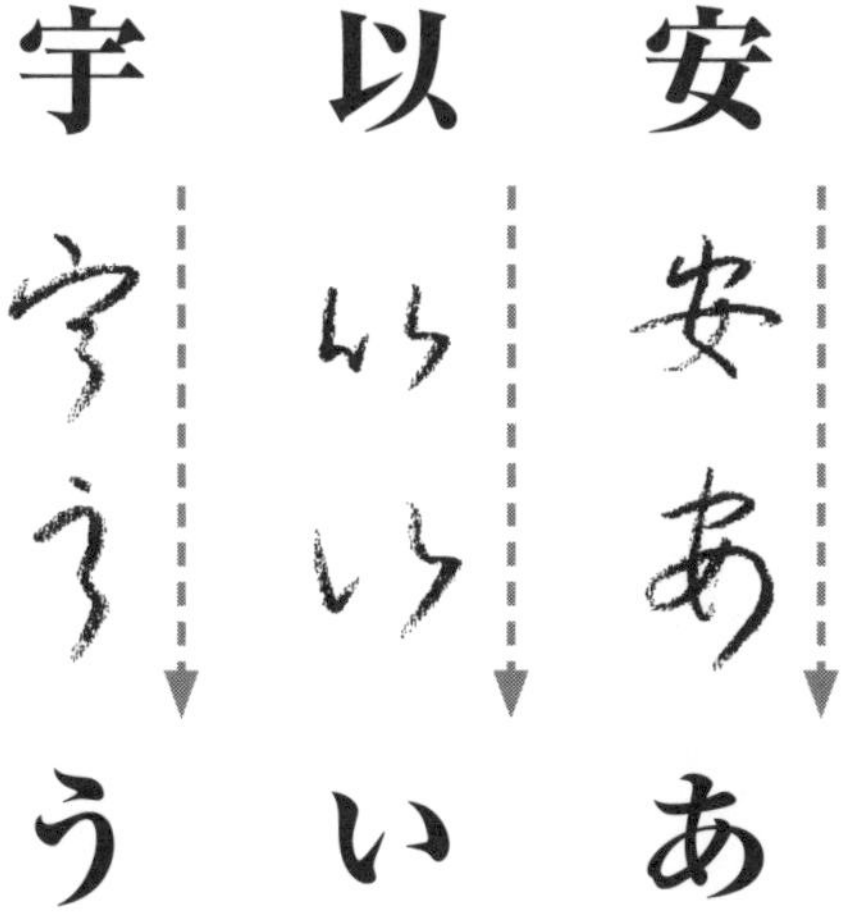

1 つのだせ、やりだせ【つ】【の】

導入の工夫

「かたつむり」のイラストにある渦巻き型に注目させます。ぐるぐるとバネを伸ばしたような動きから、「つ」と「の」の文字と結びつけましょう。文字の形にとらわれ過ぎて動きが不自然にならないよう、口伴奏では素直に手指を動かすことをねらいます。

動きのトレーニング

少し右上がりのらせん形を描かせます。太くなっているところで力を加え、細くなっているところでは力を抜いていくなど、リズミカルに指を動かすことが重要です。

口伴奏と文字の書き方

つ ➜ つのだせ、トン、つーっと上がって、サー

- 書き始めはトンとつき、ゆったりと右上がりに手首を動かして曲線を描きます。ただし腕をくねらせてはいけません。
- 方向を変えて少し潰れた円にします（p.29の繭玉参照）。
- ◎で少し力を加えてからサーとはらいましょう。

の ➜ つのだせ、ぐるっと回して、サー

- マス目の中央上方（●）から書き始め、少し弧を帯びるように左下に指を進めていきます。
- ▲では、指先（＝筆記用具の軸）の角度を変えずに方向を変えましょう。指書きの場合は、ここで一瞬、爪で書くような感じになります。毛筆なら自然に穂がひっくり返ります。

（▲で反転した穂先は△で捻じれて元に戻ります。）

- ▲から一気に丸く書くのではなく、△の方に持ち上げてから、丸くゆったり動かし、◎で力を加えます。

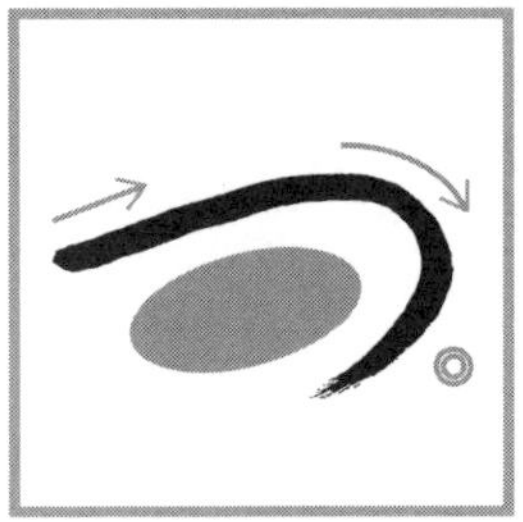

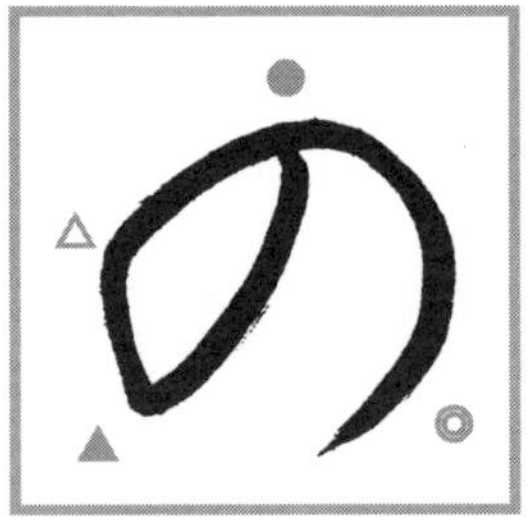

動きへのアドバイス　「曲線を書く」

手指の巧緻性に課題を抱える子どもは、曲線を書くときに筆記具を強く握りすぎる傾向があり、筆圧の調節が困難です。特に「の」を書く際に、一定の力で書き進め、円が大きく膨らんでしまう場合には、▲と△のところで一呼吸おき、区切って書きましょう。

ひらがな 1

つのだせ、やりだせ

なまえ

なぞってみよう

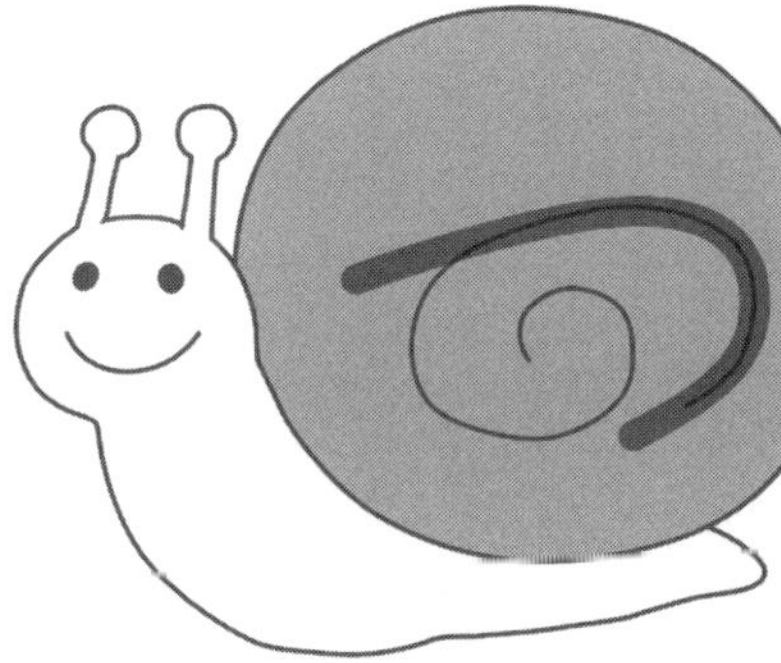

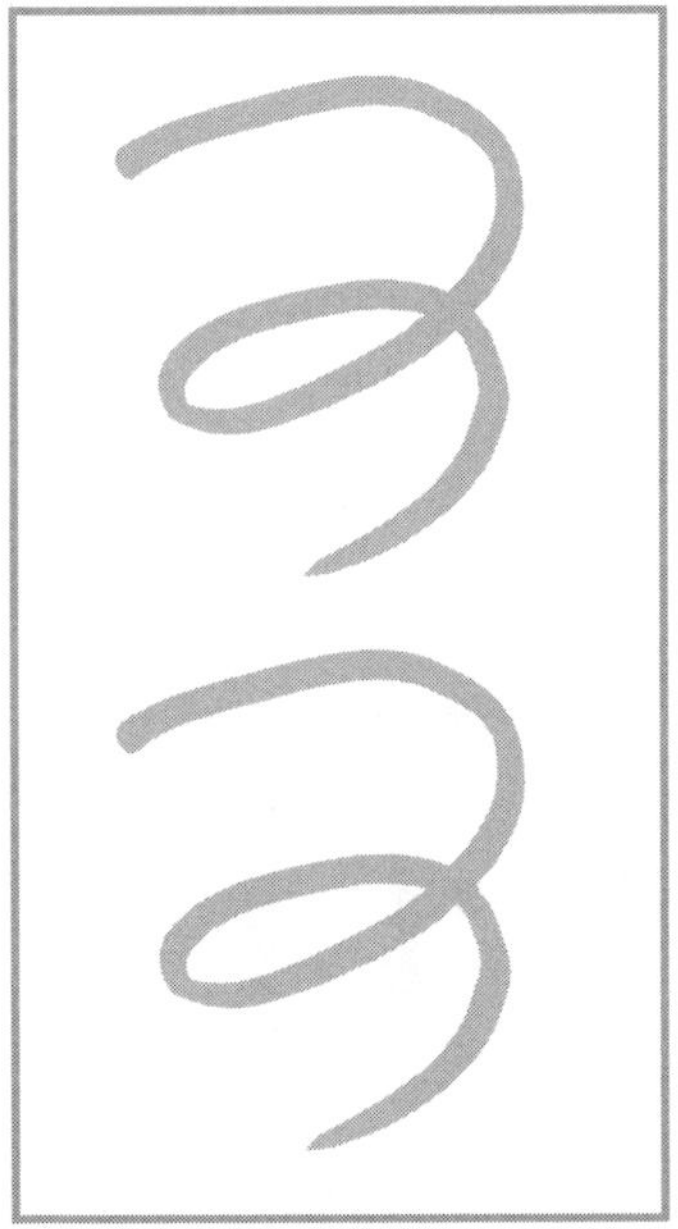

となえながら かいてみよう

の つ

の つ

こんな ことばが かけるよ

わたし□の

く□つ

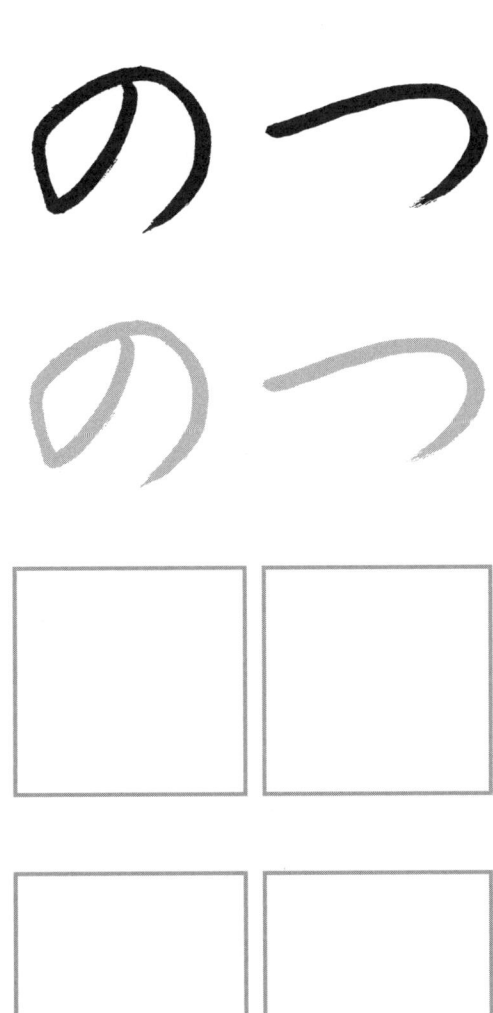

2 いりぐち、とんとん【い】【り】

導入の工夫

縦方向に向かい合った二つの画を、少し曲線的に構えて書く平仮名です。建物の入口をトントン叩く動作と、そのときの腕の形から、「い」と「り」の書き方を想起させます。「ピョン」という「はねだし」の部分を特に印象づけましょう。

動きのトレーニング

左上から右下に向けてのギザギザ模様を描かせてから、「トントン」と声に出し、リズミカルに向かい合わせの弧にします。

口伴奏と文字の書き方

い → いりぐちとんとん、トン、ピョン、トン

- 「トン」で紙に鉛筆を置き、▲の「はねだし」では「ピョン」と弾みをつけます。二筆目は、「トン」で「とめ」にします。
- 「い」は外形が横広なので、書き出し位置を左にし、ゆったり右下に弧を帯びさせて書き進めます。「ピョン」とはねた後は、右上に方向を変え、一筆目の書き出しと同じ高さから、右下に短く書きます（長さの割合は3対2ぐらいです）。

り → いちぐちとんとん、トン、ピョン、スー

- 書き出し位置を決めるときには、全体が細長いことを意識し、少し下から書き始め短く書きます。
- 「はねだし」の後の二筆目は、一筆目の始筆よりも高い位置（●）から書き始めます。
- 最終部分の「はらい」の筆使いは、入口が開いて中にスーッと引き込まれていくイメージで左下にはらいます。「はらい」は、その手前（△）で少し力を加え、ゆったりと書きます。

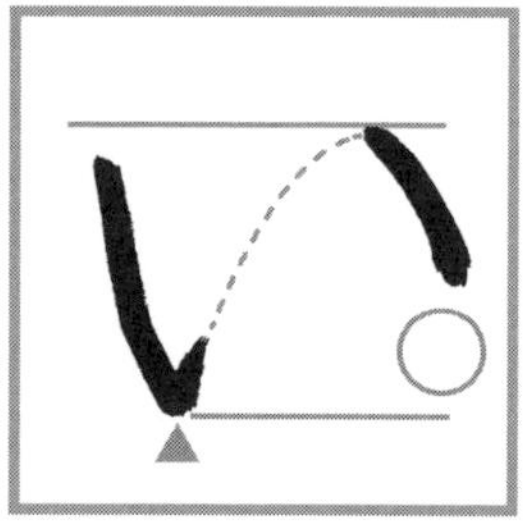

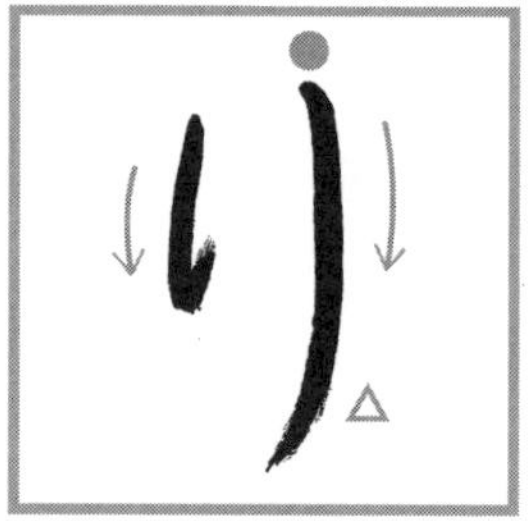

応用の意図

「日常生活への対応」

ここでは、コミュニケーションとして重要な扉をノックするという行動を扱って、日常生活への対応を意識させます。身近なことばでは、「いり（たまご）」や「（の）り」なども考えられます。特に自閉傾向がみられる子どもには、心情を示す抽象的なことばの効果を期待して、「い（の）り」ということばを取り扱うとよいでしょう。

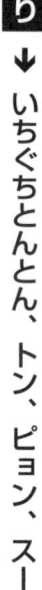

ひらがな 2 いりぐち、とんとん

なまえ

なぞってみよう

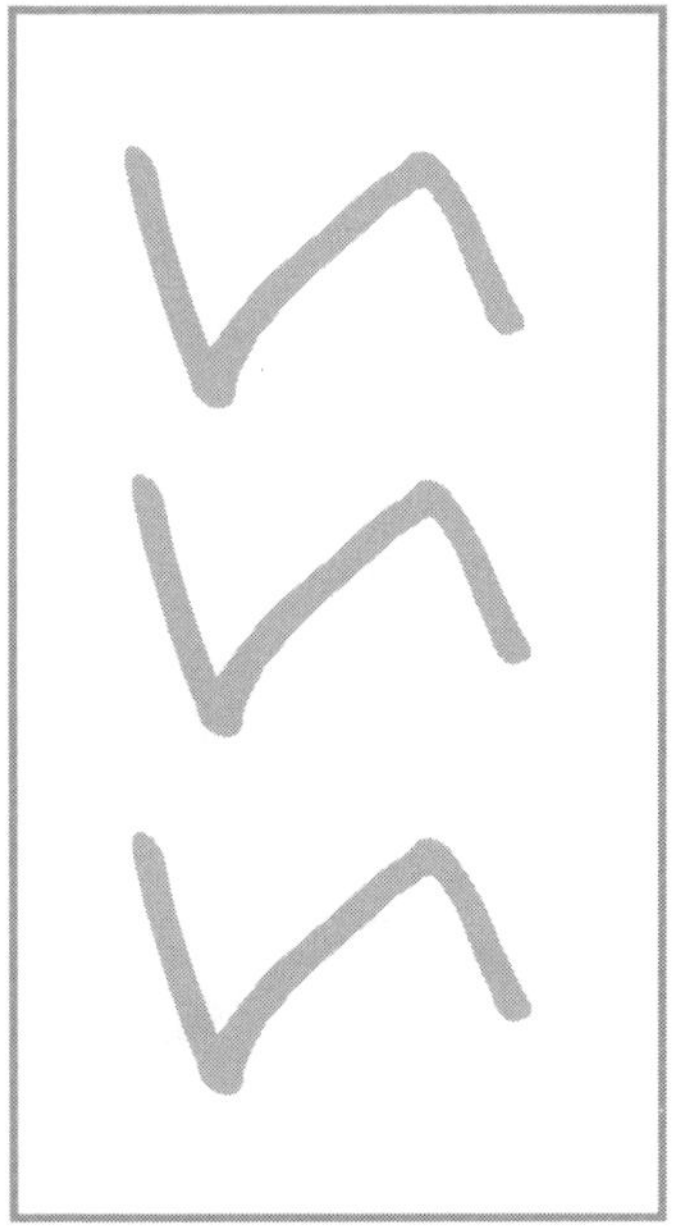

となえながら かいてみよう

い　り

い　り

こんな ことばが かけるよ

い の り

い り ぐち

3 ひっくりかえって、へー【く】【へ】

導入の工夫

栗の実の形状で「く」と「へ」とを想起させます。ここでは、栗の実をどの向きで見るかが重要になります。形の似ている二つの平仮名の違いを明確にさせるために、その方向の違いを、「ひっくりかえって」ということばで印象づけましょう。まずは「くり」の実と「く」の形、それから「へ」との関係をとらえさせます。

動きのトレーニング

右上から左下へ進み、一度止まって、そこから右下に方向を変えます。左下から右上に持ち上げ、山の頂点で止まって右下に進む動きも確かめましょう。

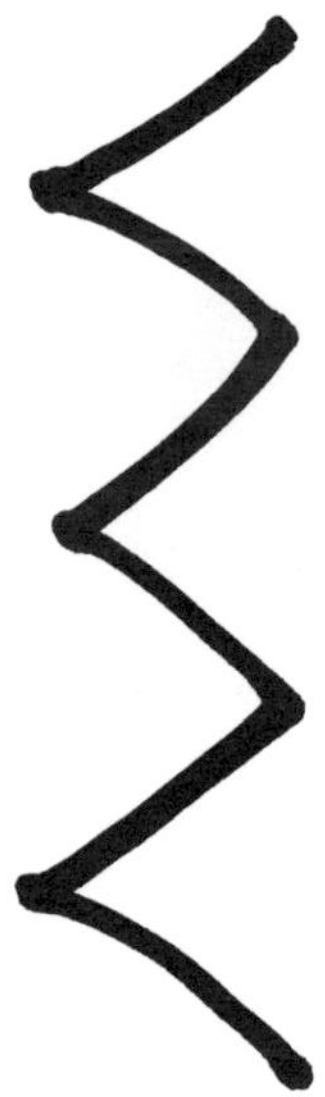

口伴奏と文字の書き方

く ➜ 斜めに下げて、クキッ、トン

- 横向きになった栗の輪郭をイメージして斜め左下に進めます。
- 少し反らせて書き進め、▲のところで一度止まり、「クキッ」と枝を折るようにして方向を変えます。
- 終筆をしっかり止めるために「トン」の口伴奏を生かします。

へ ➜ くりっと返して、へー、トン

- 書き出し位置を左下にし、右上方向に山型を作っていきます。しっかり折る「く」とは違って●のように丸みを帯びさせて書きますが、細かい字形は問題ではありません。形をとらえることが重要です。
- 終筆の「とめ」は、「く」と同じように「トン」の口伴奏で確実に押さえましょう。

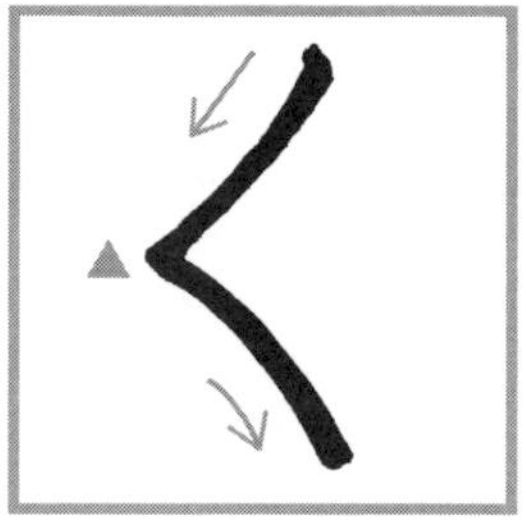

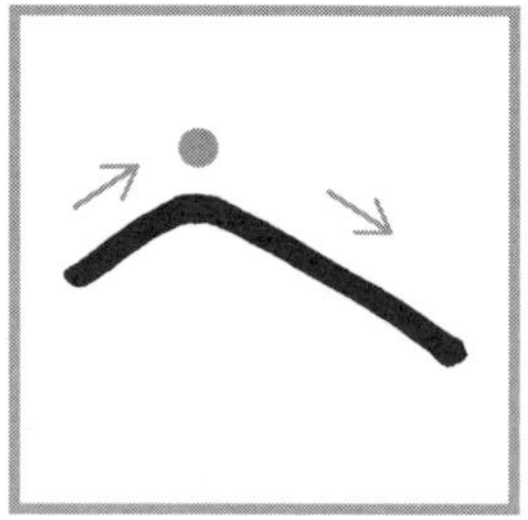

動きへのアドバイス 「向きを変えること」

「くり」「くつ」「へい」という身近なことばを扱います。「く」も「へ」も一筆で書く字ですが、子どもたちには、途中で方向を変える動きは難しいものです。特に認知に課題を抱える場合には、どの方向に向かうのかを正確にとらえさせることが重要です。ここでは、栗の向きを手がかりにして「く」の口伴奏で「書き進め方」を確実にします。それを生かして「へ」に結びつけましょう。

ひらがな

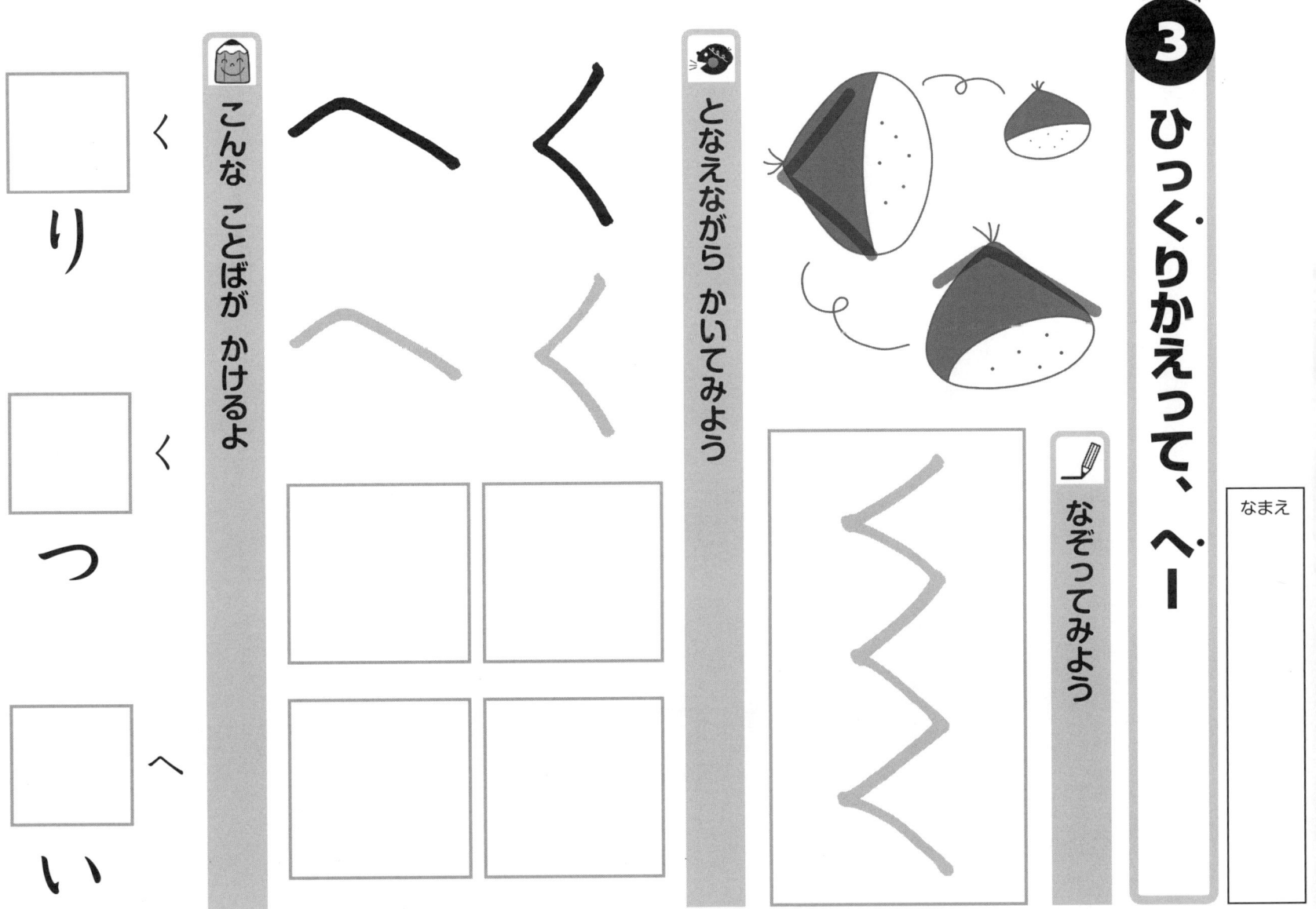

3 ひっくりかえって、へー

なまえ

なぞってみよう

となえながら かいてみよう

く へ

こんな ことばが かけるよ

くり

くつ

へい

4 うまく、たったよ【う】

導入の工夫

最初に点を打ち、繭玉を縦にした形でイメージさせます。繭に馴染みがない場合には、ウインナーに変えてみるなど工夫して、転がって落下するときの形、縦長の楕円を想起させましょう。

動きのトレーニング

縦長の楕円状の動きをトレーニングします。腕を手前に引き付けるようにして書くと渦巻を縦に伸ばすような動きができます。

口伴奏と文字の書き方

う ➜ うまく立ったよ、下にサー

- 縦長の楕円を点と組み合わせます。「う」の口伴奏で点を打ち、「立ったよ」の口伴奏に合わせてつながりの意識をとらえます。点の角度や長さにも気を配りましょう。
- 丸めていくところは、左から右横に進む右旋回を理解させた後、下方に「サー」とはらう動きをとらえます。
- 二筆目を左から書き過ぎたり丸めすぎたりすると幅が広くなってしまうので、注意しましょう。
- この字の縦部分（※）をマス目の中心に書くと、中心がずれてしまいます。書き出しの位置に気をつけさせましょう。

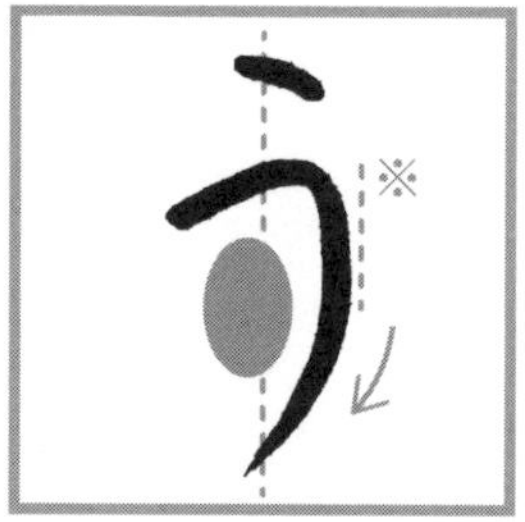

動きへのアドバイス　「自然なはらい」

書き終わり部分では、腕を自分の身体に引き付けて自然にはらいます。このときに注意したいのは、用紙の位置です。右手書字の場合、用紙を身体の中心に置くと「う」の「はらい」が右下方向に流れやすいので、用紙を利き手の前方に置かせましょう。

有効な支援　「方向のとらえ」

「読み」十問、「書き」十問、合わせて二十問（各一点）の漢字書き取りテストで、毎回、読みは満点、書きは0点という書字障害（ディスグラフィア）の生徒を受け持ったことがあります。動きを示したところ、改善がみられました。特に「そり」や「まがり」は方向が分かりにくいので、動きで認識を助けます。

ひらがな 4

うまく、たったよ

なまえ

なぞってみよう

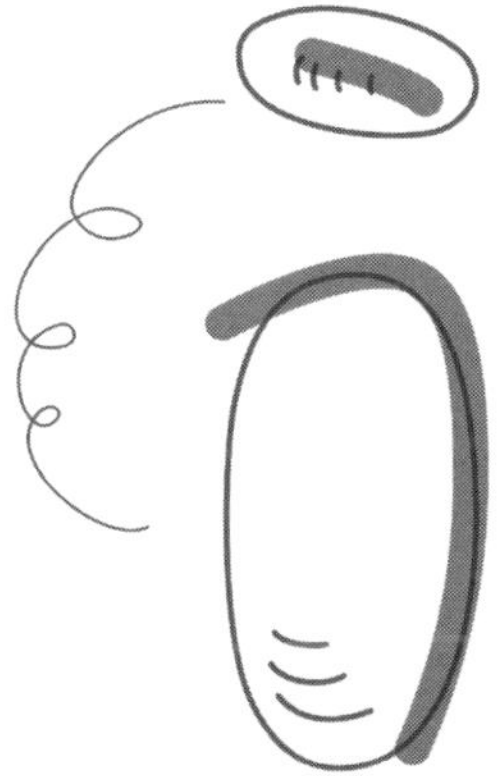

う う う

となえながら かいてみよう

う う

こんな ことばが かけるよ

□（う）し

い□（う）

□（う）れしい

5 つやつや、まゆ【や】

導入の工夫

「繭と蚕」のイラストで、扁平にした「つ」に蚕を交差させるイメージをもたせます。二筆目の短い点と左への「はねだし」の部分は、漫画の中によく使われている「ピッカリマーク」を重ね、シルクの輝きと関連づけてとらえさせましょう。口伴奏では三つの部分の「つながり」を大事にして動きに流れを感じさせます。

動きのトレーニング

右に点を打ち、弾ませて三筆目の直線につなげる動きを練習します。向かい合っているため、直線部分がそってしまわないように気をつけましょう。

口伴奏と文字の書き方

や ➜「つ」から丸めて右ピョン、左にズー

●「つ」の最後の「はらい」から、上方に回転させていきます。
●二筆目は、ちょうど、「い」の右側（二筆目）のような形状にして、一度回転の動きを静止させます。そこから方向を変え、▲で「ピョン」と左にはねさせます。
●はね上げたところ（●）から右下に「ズー」と直線を引きます。この三筆目の長さや方向が、「や」の外形を逆三角形に整えるポイントになります。

動きへのアドバイス　「点画のつながり」

文字が書けるようになるためには、単に字形を記憶できればよいのではなく、どこから書き始め、どのように書き進めるのかを知らなければなりません。一筆で書けない文字の場合には、書き進め方（筆順）を確実にして、それらを一連の流れとして「つながり」でとらえる必要があります。

応用の意図　「自主性を願って」

「つ」と「や」のつながりを大事にして、子どもたちが楽しみにしている「おやつ」を書きます。「やくそく」は、子どもたちの日常生活において、とても重要な言葉です。「やくそく（ごと）」が、徐々に自主的な活動になっていくようにしたいものです。

ひらがな 5

つやつや、まゆ

なまえ

なぞってみよう

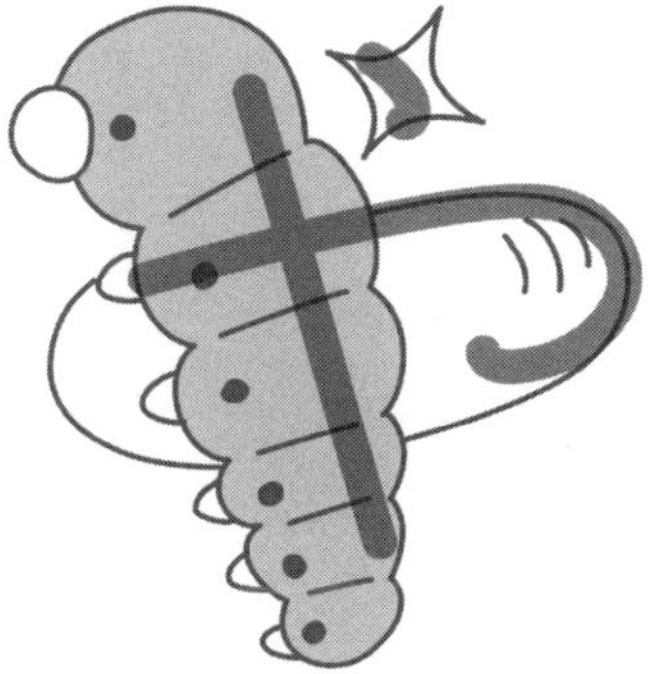

となえながら かいてみよう

や

こんな ことばが かけるよ

お □ つ（や）

□ くそく（や）

6 とって、とられて【と】

導入の工夫

大好きなケーキをとろうと手を伸ばしたところに、横取りの「肘鉄砲」……という状況を示して「と」の筆順と形状を想起させます。一筆目を垂直に書くのではなく、少し斜めに書くことと、二筆目を丸め過ぎないことも同時に意識づけることができます。

動きのトレーニング

肘鉄砲の部分をどっしりと下方を膨らめた形にしてとらえます。

球に書いても構いませんが、肘鉄砲ということばで丸みを帯びた三角形を意識づけます。

口伴奏と文字の書き方

と ➜ とって、とられて、肘鉄砲

● まず、「と」を唱えながら、斜めに（ケーキに向かって）手を伸ばします。二筆目と交わることのないよう長さに気をつけて、「って」で筆記具を用紙から離します。

● 右上にはね上げて、左下に弧を帯びさせながら書き進めます。

● 二つの部分（二人の腕）が交わらないよう、長さや位置関係も確かめます。

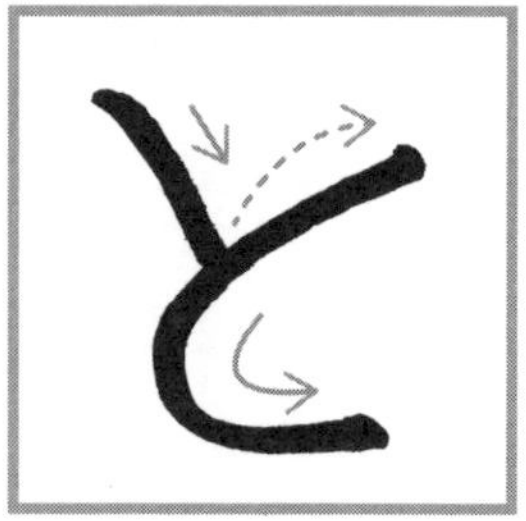

動きへのアドバイス

「弧を書くリズム」

曲線を書くときに、速さや筆圧を一定にして書き進めると、思うように角度を変えることができません。そこで、三角の形状を意識させて筆圧の調節にリズムを作ります。これは、形よく書くための方法のように思われますが、実はそうではなく、スムーズに手指を動かすための工夫なのです。はねだして右上に二筆目の始筆の位置を決めたら、そこで弾みをつけて、左下に向けて手首を自然に動かします。そうすると無理なく弧を描くことができます。子ども向けだからと丸く書くことを強調すると、かえって不自然な動きになってしまうので、注意しましょう。

ひらがな 6 とって、とられて

なまえ

なぞってみよう

となえながら かいてみよう

と

と

こんな ことばが かけるよ

□ と けい

□ と もだち

7 てを、そえて【て】【そ】

導入の工夫

「手」を重ねたイラストによって、「て」の形状を想起させます。直線的な部分から「おりかえし（つきかえし）」を経て、「そり」の部分に進んでいきます。筆使いの「そり」の意味を重視するならば、手のひらをイラストとは逆向きの弓なりにしたいところですが、実際にそらせるのは難しくイメージできないため、「そえる」形で確かめます。

動きのトレーニング

左から右に直線を書きます。書き終わりでしっかり止まって折り返し、「そり」の部分を確認します。

弾みをつけ、左に引き戻すようにカーブさせる動きをとらえさせましょう。

口伴奏と文字の書き方

て ➜ 手のひらまっすぐ、グッ、そえる手カーブでトン

- 横方向の部分は、少し右上がりにすると書きやすいです。
- 折れるところ（▲）で、「グッ」としっかり止まってから、方向を変えていきます。
- 「そり」や「そらせる」ということばは子どもたちには理解しにくいので、口伴奏は「カーブ」にします。
- 終筆をはらってしまうことが多いので、「トン」で「とめ」を意識させましょう（●）。

そ ➜ ジグザグ1・2・3、グッ、カーブしてトン

- 始筆から最初の「おれ」まで1を短く、二度目の横方向部分3を長く書いて、ジグザグが下に広がるように書き進めます。
- 「おれ」のところ（▲）では、しっかり「グッ」と止まりましょう。

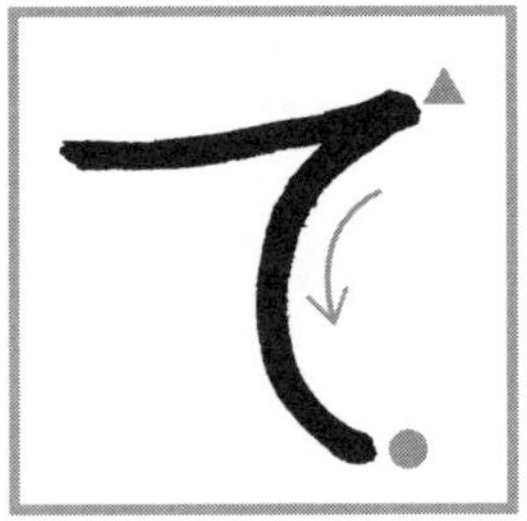

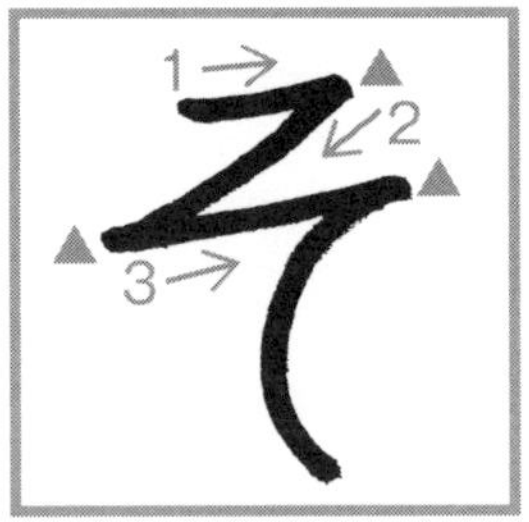

動きへのアドバイス 「動作の繰り返し」

「ジグザグ」の動きは要領が分かると書きやすいので、ついつい多く書いてしまいます。動作が繰り返されるときには、「1、2、3」と数えるとよいでしょう。

ひらがな 7 てを、そえて

なまえ

なぞってみよう

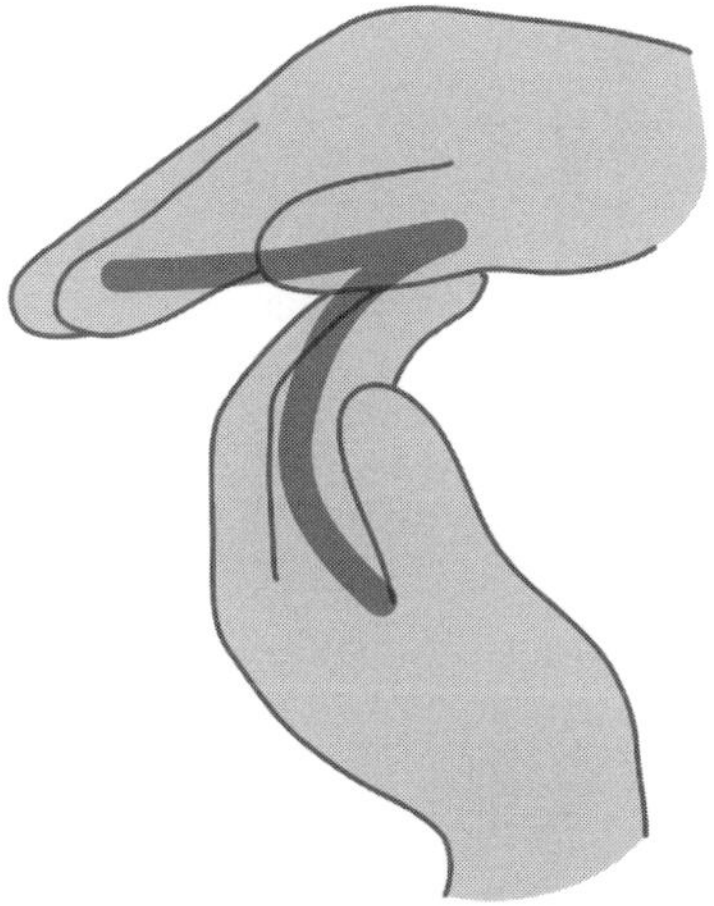

そ

となえながら かいてみよう

て　そ

て　そ

こんな ことばが かけるよ

□《て》つ

□《そ》り

□《そ》と

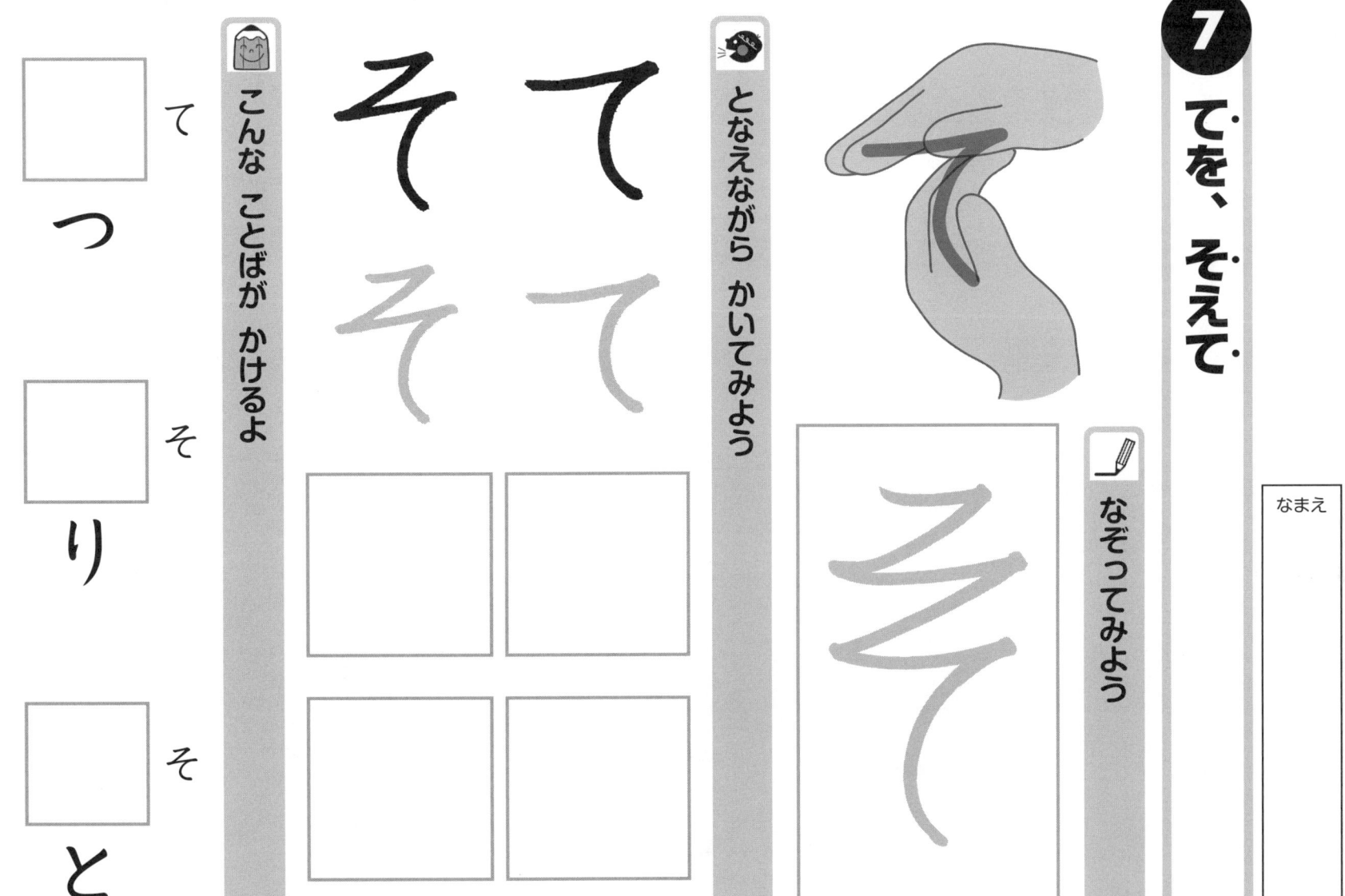

8 こま、このまま【こ】【ま】

導入の工夫

回っている駒の外周の部分に着目させて、水平方向の一対の弧を、一筆目と二筆目としてとらえさせましょう。二つの曲線に「つながり」意識をもたせて、上下に向かい合うように書き進めることができます。

動きのトレーニング

上方に弧を書きます。書き終わりで一度静止し、弾みをつけてピョンとはねだしたら左下に方向を変え、向かい合わせに弧を書きます。

口伴奏と文字の書き方

こ ➜ 上に、ピョン、下に

- ●「上に」で、回っている駒の外周の軌跡を辿るように弧を書きましょう。「ピョン」（▲）で、弾みをつけてはねだします。
- ●空中では、そらせるような動きで左下をめざします。
- ●「下に」では、一筆目と対称的な下膨らみの弧にしてとめます（●）。

ま ➜「こ」のまん中、つきさして、くるりん

- ●「こ」の中央を「つきさして」縦方向に書き進めます。
- ●貫いた下方では、「くるりん」と「むすび」を書きます。

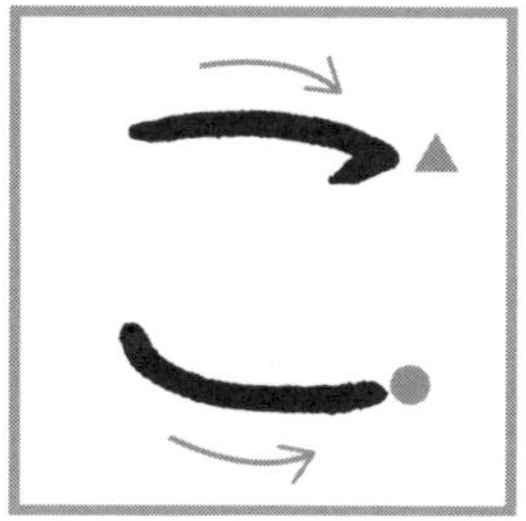

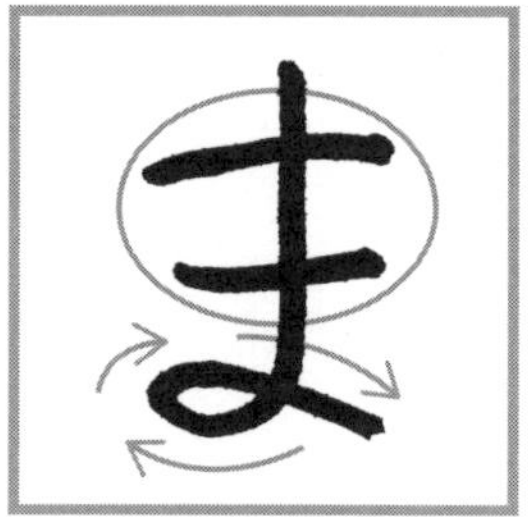

応用の意図

「現象を記す」

自分が覚えた「文字（ひらがな）」を使って、モノや事の名前や現象を記すことができると、そのことに意識を向けられるようになります。「こま」や「やま」のように、形のあるものだけでなく、「こだま」や「まちぼうけ」等のことばを書くと、聴覚的な刺激になったり、行動に結びついたりし、それに対する思いを含めることができます。

ひらがな

8 ごま、このまま

なまえ

なぞってみよう

こここ

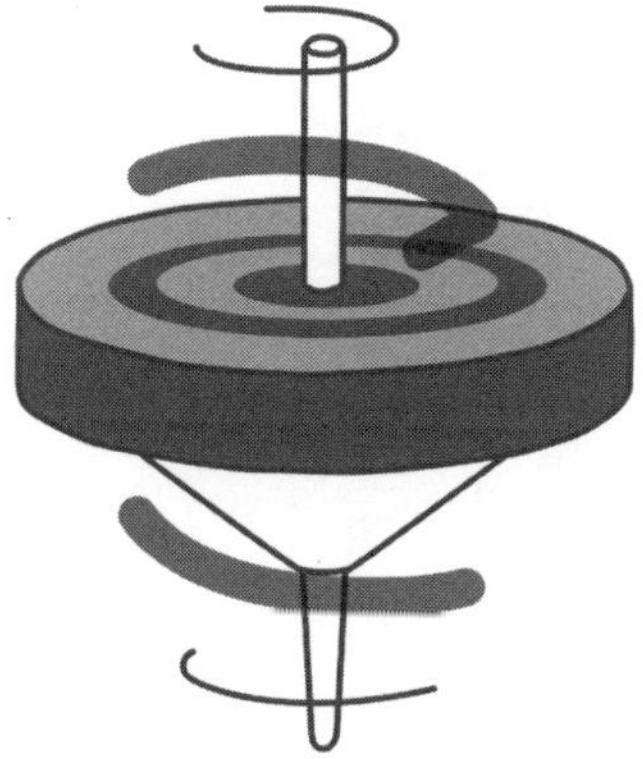

となえながら　かいてみよう

こ　ま

こ　ま

こんな　ことばが　かけるよ

こ□　ま□

や□ま

9 もしも～し【し】【も】

導入の工夫

最近はコードレスのものや携帯電話、スマートフォンの方がお馴染みになりましたが、ここでは、電話機のコードを手立てにします。上から垂れ下がり、電話機本体につながっている形から「し」をとらえさせましょう。「も」は、そこに「こ」を書き加えます。

動きのトレーニング

上から下におろしてきて、曲線を描きながら上にはらい上げます。ゆったりとした動きで少しずつ角度を変えながらはらいます。

口伴奏と文字の書き方

し ➜ 垂れたコード、下で丸めて右上にサー

- 上から下に垂直に書き進め、そこから曲線で書きます。
- 垂直部分をまん中に書くと文字が右寄りになってしまいます。中心線を確認し、書き出しの位置に気をつけましょう。
- 終筆は、長くし過ぎないように注意して、ゆったりと右上にはらい上げます。

も ➜ もし、もーし。「し」に、上、下

- 「し」の終筆から、つながりを意識し、左上方に向かって旋回させます。
- 「し（1）」の上の方に「こ（2・3）」を交わらせて書くと「も」になります。筆順を誤ると一連の流れはとらえられません。

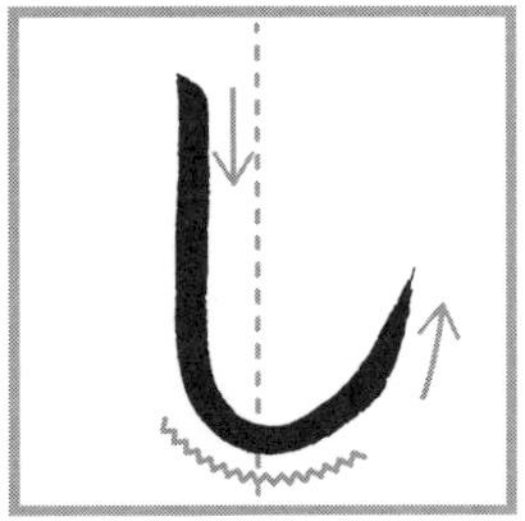

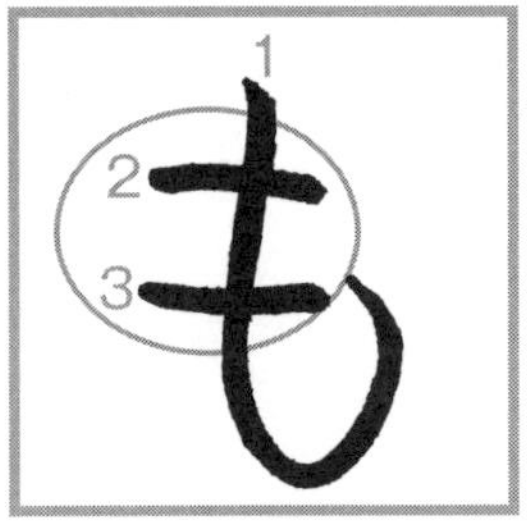

動きへのアドバイス 「曲線的な筆使い」

「し」は平仮名らしい柔らかい運筆が生きる形をしています。「し」の書き方を学んだら、上下に向かい合う二つの弧でとらえる「こ」を組み合わせて「も」を書きます。

応用の意図 「電話を仮定」

電話での応対場面は、子どもたちの日常生活において重要です。応用の書きでは、「もりのおしろ」を想像させたり、「もし……」といった仮定状況の会話に結びつけたりするのも楽しいでしょう。

なまえ

ひらがな 9

もしも〜し

なぞってみよう

し し し

となえながら かいてみよう

し し

も も

こんな ことばが かけるよ

□（も）りのお□（し）ろ

10 きれいに、さいた【さ】【き】

導入の工夫

花に寄ってきている蜂の動きです。横方向に飛んでから上方に移動、軌跡に交差する形で斜め下に向かいます。「クロス（交差）」の理解が難しい場合には、腕を水平にし、もう一方の腕を垂直に構えクロスさせ、「ばってん」でとらえさせましょう。

動きのトレーニング

左から右横に書き進め、そこから上方に旋回し、まん中でクロスさせる動きを確認します。交わる位置に気をつけさせましょう。

口伴奏と文字の書き方

さ ➜ 先に横、クロスでピョン、トン

- 二筆目は上から下に斜め方向。中央でクロスさせましょう。
- 書き終わりでは筆圧を加え、左下に向かって「ピョン」とはねだします（▲）。空中を下に移動し最後に短い弧でおさめます。

き ➜ 横横クロスでピョン、トン

- 短めに「横、横」の二本を、少し右上がりに書きます。
- 上方から、一、二筆目に交差させ、斜め右下に向かいます。
- 「ピョン」とはね（▲）、四筆目を「トン」で締めくくります。

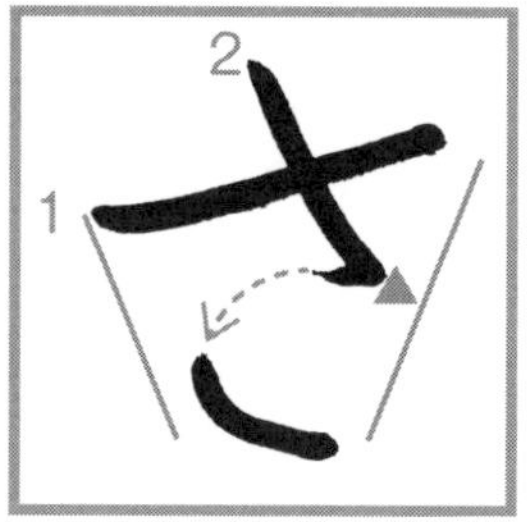

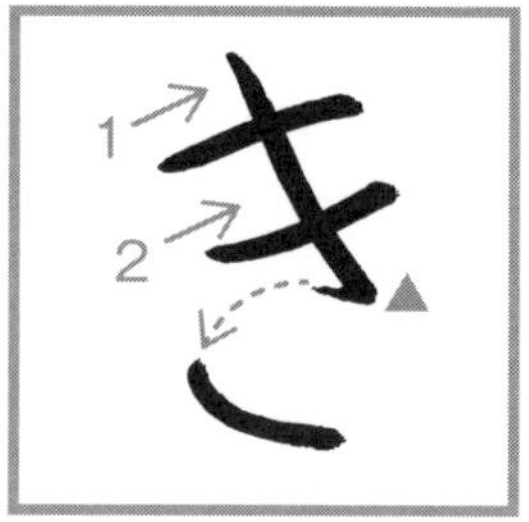

有効な支援　「動作の順序」

障がいの特性によりますが、先の見通しを確認できていないと不安を感じたり、動作の順序をその都度示さないと動けなかったりといった傾向が、多くの子どもにみられます。ここで扱う平仮名の「さ」と「き」は、「さき（＝先）」という語で順番を示すことに貢献しています。また、クロスするという位置関係も、結果としてとらえるのではなく、どちらを先に書き、どちらを後に書くという過程に着目し、順番を含めてとらえさせます。「さ」が逆三角形、「き」は縦長の長方形だという外形（＝概形）についても、意識させましょう。

ひらがな

10 きれいに、さいた

なまえ

なぞってみよう

さ さ さ

となえながら かいてみよう

さ き

さ き

こんな ことばが かけるよ

□□く（さ き）

□□く（さ き）

11 えーん、えん【え】【ん】

導入の工夫

手足をバタバタさせて泣きじゃくる子どもの姿を「え」の形状に重ねて印象づけましょう。二筆目の「つきかえし（おりかえし）」の書き方がポイントになります。突っ張っている腕や足の部分では、筆圧を強くして書いている様子が感じとれます。

動きのトレーニング

横方向から折れて左斜め下に方向を変え、そこから右上に戻るというジグザグ模様のような複雑な動きを確かめます。さらに垂直方向へと書き進めます。

口伴奏と文字の書き方

え ➜ えーんえん、点にジグザグ、おろしてクニャリ

●一筆目の点を身体の中心の位置に構え、腕部分を伸ばした姿を描く要領で、二筆目を少し右上がりの横画にします。

●右端（▲）では一度静止し、折れてから斜め左下の足先位置まで書き進めます。その後、書き進めた斜めの線上を、半分ほどの地点まで戻ります。

●戻ったところから真下に書き、もう一方の足の太腿に当たる部分をとらえます。膝に当たる部分をクニャリと曲げます。

ん ➜ 下がって戻って、上に丸くサー

●左斜め下に進みます。しっかり「つきかえし」て、進んだ分の半分まで戻ります。そこから丸く半円を描き、その勢いを保ちながら右上にはらい上げます。戻ったところで丸みをもたせて書く方法では、蛇のような形になりやすいので、「斜めの直線、その半分の直線（戻る）、半円」でとらえましょう。

動きへのアドバイス

「ジグザグの難しさ」

「え」を学習する場合、ジグザグを描かせる方法は一般的です。しかし、それだけでは角度や長さの調節が難しく混乱するため、必ずしも有効とはいえません。そこで、泣きじゃくる子どもの姿を重ねてとらえやすくしています。

ひらがな 11

えーん、えん

なまえ

なぞってみよう

となえながら かいてみよう

え ん

え ん

こんな ことばが かけるよ

こう えん

いち えん

12 ないた、あかおに【な】【た】

導入の工夫

「おに」の泣き顔のイラストです。「な」の一、二筆目は下がり眉と眼、三筆目は、もう片方の眼で「はねだし」の形状に重ねてとらえさせます。四筆目は、顔の中央にある鼻から下への流れを意識して、口元で「むすび」を書く動きに結びつけます。

動きのトレーニング

右上がりの一筆目、そこに交差させる二筆目の動きを練習します。二筆目の傾きを「さ」の一、二筆目と区別して書けるようにしましょう。

口伴奏と文字の書き方

な ↓ 下がった眉と眼、逆の眼ピョン、鼻から口にくーるりん

- 本来なら字源の「奈」を示したいところですが、ここでは泣き顔から書き方に結びつけます。先に向かって左側の目元をとらえ、右側の三筆目は二筆目と対照的な角度に構えます。
- 顔の中央に位置する鼻と口を意識させ、下方に書き進めて、「おたまにおみそ」（p.50）の形「むすび」を書きます。

た ↓ 下がり眉と眼、右に「こ」、ピョンでトン

- 一筆目は右上がりに、二筆目は長く書きます。
- 右側は、「こ」を書く要領で書きます。三筆目は上に膨らむ弧から「はねだし」、四筆目は下に膨らむ弧でとめます。

応用の意図

「おはなしの世界へ」

「泣いた赤おに」（原作　浜田広介）は小学校の検定教科書にも掲載された童話です。ひとりぼっちが寂しくて人間と友だちになりたい赤鬼と、友だちの役に立ちたいと考えてひとりぼっちを選ぶ青鬼との友情がえがかれています。「な」と「た」の文字を使った「ないた」ということばから、子どもたちをお話の世界へと誘うこともできます。

ひらがな 12

ないた、あかおに

なまえ

なぞってみよう

ナ
ナ
ナ

となえながら かいてみよう

な な

た た

こんな ことばが かけるよ

□ い □

な た

□ つ

な

13 ふらふら、だんす 【ふ】【ら】

導入の工夫

しなやかに手指を動かして「フラダンス」を踊る女の人の様子でとらえましょう。髪の毛や腰、左右の手を、一筆目から四筆目までに見立て、文字全体を三角形の位置に構えます。「つながり」を大事にして、平仮名特有のやわらかさを表しましょう。

動きのトレーニング

最初にまん中の上部に点を打ったら、「はねだし」で空を移動し下方につながっていきます。「はねだし」のところで筆圧を加え、弾みをつけて書くとよいでしょう。

口伴奏と文字の書き方

ふ ➜ 点ピョン、プリッ、点、点

- 文字の中心の上部に「点」を書き、弾みをつけて「はねだし」（▲）にします。
- 少し下がった位置に、「プリッ」という口伴奏に合わせて右に小さく膨らめた曲線を書き、左にはらい上げます。
- 外形が三角形になるように、また「つながり」も意識して左に点、右にも点を書きましょう。

ら ➜ 点ピョン、そらせて「つ」

- これも文字の中心の上部の点から書き始めます。「はねだし」のところまでは「ふ」と同様です。
- 外形が縦長長方形になるように左側を少し膨らませ、下方に書き進めます。
- しっかり止めて（△）、そこから「つ」を書きましょう。

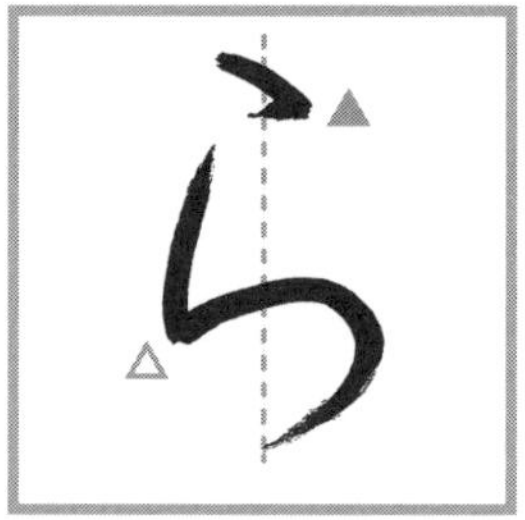

有効な支援 「外形をとらえる」

文字を学習する際に外形をとらえることがあります。例えば「い」や「へ」を横広の四角形に、「は」「お」を正方形にとらえることによって、字形が確かになります。「ふ」は、書き進めていくときに、どの辺りに次の画を書くとよいのかの見通しを立てるために、「外形」をとらえさせる方法を示しました。

ひらがな 13

ふらふら、だんす

なまえ

なぞってみよう

となえながら かいてみよう

ふ ら

ふ ら

こんな ことばが かけるよ

□《ふ》く

そ□《ら》

さ□《ら》

14 にく、やけた【に】【け】

導入の工夫

肉を焼いているイラストです。ここでのポイントは、左側の長い菜箸からスタートし、右側に並んだ二つの肉片をとらえることです。「け」も同様に、左から右へのつながりを大事にすることによって、自然に曲線的な動きに結びつけましょう。

動きのトレーニング

菜箸の部分を長い直線としてとらえた後は、終筆で右方向にはねだし、二筆目へと書き進めます。

つながりを意識し、自然に左右が向かい合うように書くと、膨らみが現れます。

口伴奏と文字の書き方

に ↓ 長いおはしでピョン、にく「こ」ろがす

● ゆったりと下方に長めに書き進めたら、右上に向かい「ピョン」とはねだします（▲）。

● 右側には「こ」を書きます。このとき、三筆目の位置が低くならないように気をつけましょう。

● 字源の「仁」は左右の部分から成り立っています。各部分を近づけすぎないようにして、外形を正方形にとらえます。

け ↓ 長いおはしでピョン、横、クロスでサー

● 「け」の字源は「計」なので、「に」と同様に外形を正方形にして構えます。

● 右手で書く場合、一筆目は手指の自然な動きによって、少し左に膨らんだ弧になります。

● 二筆目は少し右上がりに書き、そこに三筆目を交差させ、最後は「サー」とはらいます。

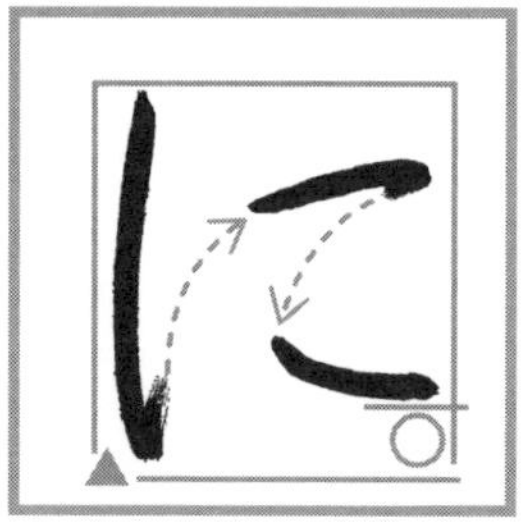

有効な支援 「直線と曲線」

直線的に書く場合と曲線的に書く場合のどちらが書きやすいかは、障がいの特性や書き癖に起因し、言うまでもなく、それらが筆記具の持ち方に影響します。本人の書きやすさを優先するとともに、手指への負担を軽減する書き方を示したいものです。

ひらがな

14 にく、やけた

なまえ

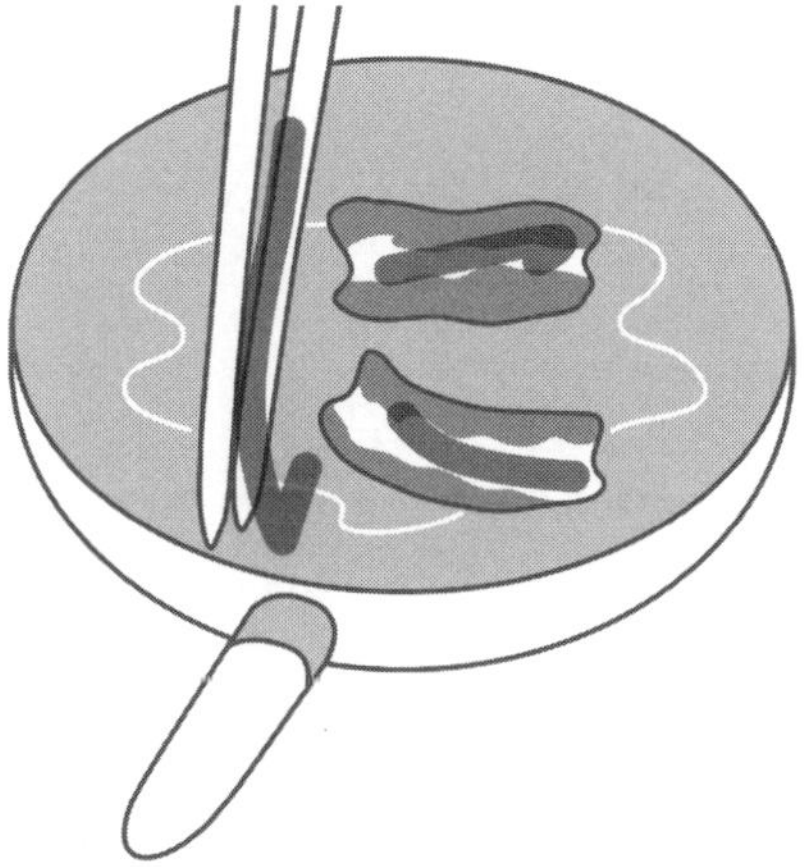

なぞってみよう

となえながら かいてみよう

に け

に け

こんな ことばが かけるよ

□（に）く

□（け）いこ

た□（け）

15 ほら、はなだよ【は】【ほ】

導入の工夫

水栽培の「ヒヤシンス」は、球根から出ている芽や根の様子がはっきり分かります。添えられている名札が左側で、花そのものは右側にあります。「に」「け」と同様に外形を正方形に構え、右下に「むすび」の形を確認して書きましょう。

動きのトレーニング

垂直方向におろした後に、「むすび」を書きます。リズミカルに左上に丸めていき、そこから曲線で右下におりていきます。

口伴奏と文字の書き方

は ➜ 長いふだ、横、クロス、右下くるりん

●右下に「むすび」があるので、一筆目を直線的に書くのは、むしろ難しいと思われます。左右の部分を向かい合う弧になるように書きましょう。

●垂直に書き進めた下方では、少し曲線にして、「おたまにおみそ」で、「おさかなむすび」を書きましょう。

ほ ➜ 長いふだ、横、横、クロス、くるりん

●口伴奏にすると長くなるので、この場合は、「は」の右上に一つ多く横方向に書くというように意識づけましょう。

動きへのアドバイス

「むすびの書き方」

「ま」の字源は「末」なので、「むすび」は、おにぎりのようになります。しかし、小学校では、「おさかなむすび」に統一しています。真ん丸の「むすび」になっても構いませんが、「くるりん」の口伴奏だけでは、丸が大きくなってしまうこともあるでしょう。その場合には、「おたまにおみそ」という声かけが生きてきます。

おにぎりむすび

おさかなむすび

おたまにおみそ

ひらがな
15 ほら、はなだよ

なまえ

なぞってみよう

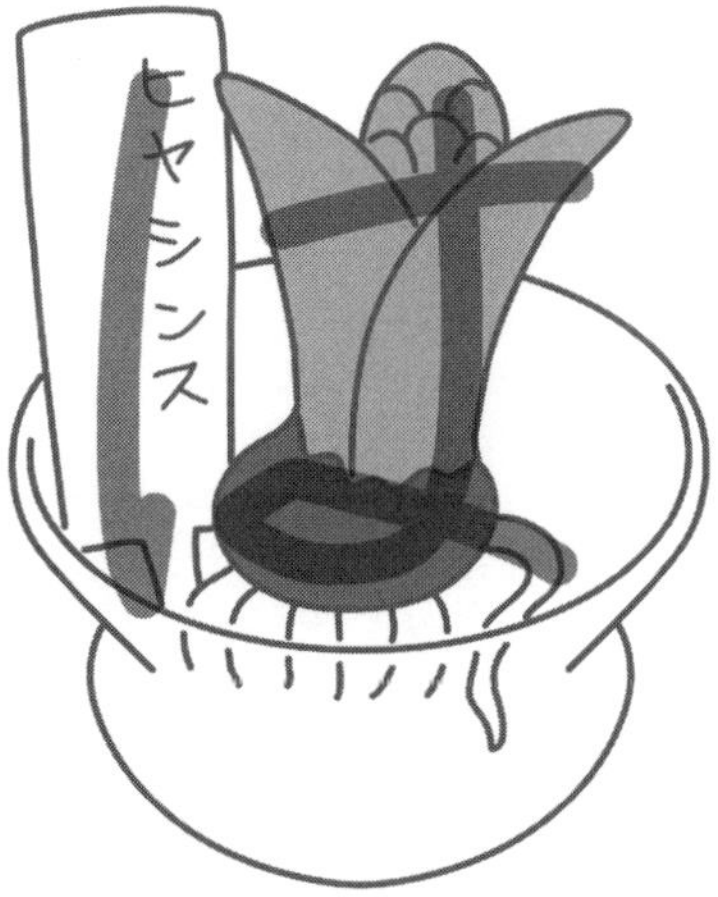

となえながら　かいてみよう

ほ　は

ほ　は

こんな　ことばが　かけるよ

は□な

ほ□し

は□なし

16 すーっとよことび、きゅうせんかい【す】【せ】

導入の工夫

「すー」と横に飛んでから上昇する「すずめ」が、まっすぐ地上をめざしておりてきて、くるりっと回転する様子をイメージさせましょう。その動きを一連の流れとしてとらえ、文字を書くときのつながりの意識に生かします。

動きのトレーニング

横画に縦画を交わらせます。交わる位置は、まん中よりも少し右にします。

口伴奏と文字の書き方

す ➔ 横とび、上から下、左に三角書いてサー

- ゆったり長く横に引き、上から下におろしていきます。左上に持ち上げるようにします。
- 左にくるりんと丸めます。丸くすると右に膨らんでしまうことが多いので、三角むすびを書くようにしましょう（左図）。
- 外形が逆三角形になるように、短くはらいましょう。

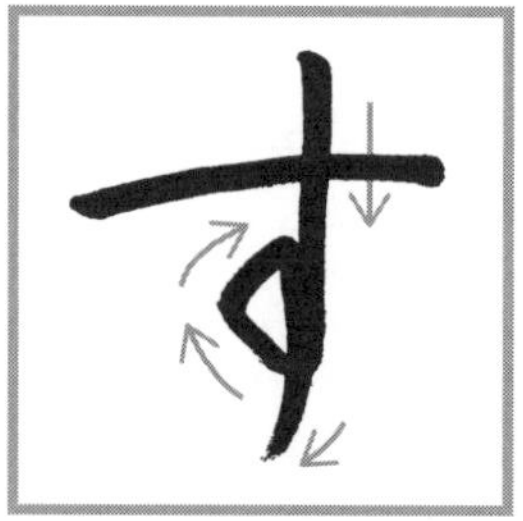

せ ➔ 横とび、右クロス、ピョン、左クロス、ぐいっと曲げる

- はじめに「す」と同じように「よこ」に書きます。
- 次に、それを三等分するような位置で右にクロスさせ、「はねだし」（▲）にします。
- 左もクロスさせ、下方でぐいっと曲げます。

有効な支援　「小さく丸めること」

字形を記憶するには、口伴奏では「くるりん」にした方が分かりやすいのですが、手指の巧緻性に問題を抱えることの多い児童は、小さく丸めることは困難です。そこで、三角に書くという方が手立てとして効果的です。

なまえ

ひらがな

16 すーっとよことび、きゅうせんかい

なぞってみよう

す

となえながら　かいてみよう

す　せ

す　せ

こんな　ことばが　かけるよ

（す）てきな

（せ）かい

17 おむすび、ぎゅぎゅ【む】【お】

導入の工夫

「おむすび」を握る手の動きをとらえます。一筆目は上方の手を表し、二筆目は下方で受ける手のイメージです。「つながり」を意識して、二筆目全体（直線的な部分から小さい「むすび」、大きな曲線と終筆の「はらい」）を一連の動きでとらえるだけでなく、三筆目の点まで含め「おむすび」を「ぎゅぎゅ」とまとめます。

動きのトレーニング

おろして、左にむすんで、右に丸くはらい、上に上げます。交差させてから方向を変える動きを練習しましょう。

口伴奏と文字の書き方

む ➜ 左短く、おろしてむすんで、ひねり上げてサー、高くトン

- 一筆目は、ご飯を握る上の手をとらえ、右上がりに書きます。
- 二筆目は交差させて縦方向に書き、下方で「むすび」につなげます。さらに捻って「曲線＋上方へのはらい」を表します。
- 最後に右側の高い位置に三筆目を「トン」と書きます。

お ➜ 左短く、縦からくるりん、丸めてサー、高くトン

- 一筆目から二筆目の前半までは「む」と同様に書き進めます。
- 「むすび」の途中からは、「お」では右旋回の動きのまま、右上方向に進み、「おおまがり」にしていきます。
- 三筆目の位置を見定めて、そこに向かってはらい上げます。
- つながりを意識して、高い位置に「トン」とおさめます。

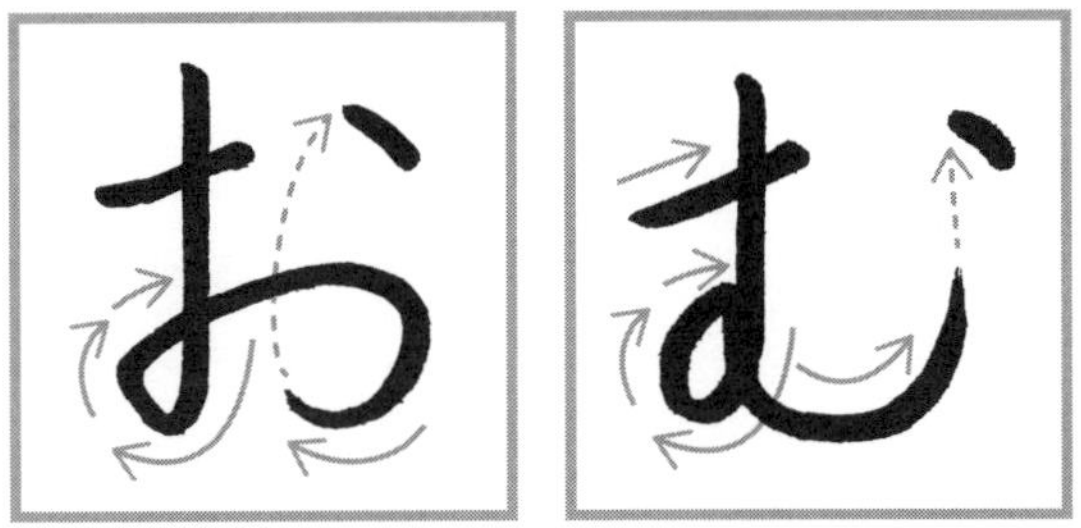

応用の意図

「おはなしの音読」

有名な「おむすびころりん」は、ぜひ子どもたちに紹介していただきたいと思う昔話の一つです。「おむすびころりん　すっとんとん……」といったフレーズを、音読をとおして楽しみ味わってもらいたいと思います。本書の口伴奏でも、ことばのリズムや響きを楽しみながら動きをとらえ、書字学習を進めてもらいたいと考えています。

ひらがな 17

おむすび、ぎゅぎゅ

なまえ

なぞってみよう

む
む
む

となえながら かいてみよう

おむ

おむ

こんな ことばが かけるよ

□《お》□《む》すび

さ□《む》い

18 どうろを、ぶるるる【る】【ろ】

導入の工夫

タイヤの大きな「くるま」を前方斜めに見ている状況をイメージさせます。下方に幅が広くなるところ、つき返した後を曲線にするところ、文字の中央下方に「むすび」を書くこと等をとらえやすくし、エンジン音の「ぶるるる」とも関連させます。

動きのトレーニング

斜め左下におろした直線の後に、つき返します。弾みをつけて曲線部をリズミカルに書き進めましょう。

口伴奏と文字の書き方

る ↓ 横、おれ、斜めにおりて、つき返したら、タイヤぐるぐる

●横方向の部分を長く書かかず、折れるところ（△）では一度止まります。フロントガラスの淵を辿るように斜めにおろします。

●▲でも一度止まり、右上がりに手首を動かし、弾みをつけるようにゆったりと曲線を書きます。

●「むすび」は、「おたまにおみそ」の形でおさめましょう。

ろ ↓ 横、おれ、斜め、つき返して「つ」

●「つきかえし（▲）」までは「る」と同じように書き進めます。直線のジグザグです。

●▲でしっかり止まり、そこから「つ」のように書きます。ただ、進んできた道を戻る方が弾みをつけて書きやすいので、「つ」よりも丸みを強くしてもかまいません。

●終筆の「はらい」は、◎で少し力を加えるとよいでしょう。

動きへのアドバイス 「直線と曲線」

直線と曲線とが混在する文字の運筆は、子どもたちにとって難しいものです。それは、直線部分と曲線部分とでは、手指の動かし方が異なるからです。

まずは想起した形を意識して、「くるま」の上部からフロントガラスの淵への直線的な部分と、タイヤの曲線部分とを区別する必要があります。そして、「なぞり」の際には、単に引かれた線上に筆記具を乗せていくのではなく、それぞれ、書き進め方に合ったスピードで書くよう指導しましょう。

なまえ

ひらがな

18 どうろを、ぶるるる

なぞってみよう

ろ
ろ
ろ

となえながら かいてみよう

る ろ

る ろ

こんな ことばが かけるよ

く□（る）まにの□（ろ）う

19 みて、さんりんしゃ【み】

導入の工夫

ここでは、三輪車を提示しています。イラストのように、三輪車は前輪が大きくて「み」の結びの部分を印象づけることができます。また、字源の「美」で説明することの多い正三角形の外形についても、無理なく伝えることができます。

動きのトレーニング

左下におろして丸くしながら上に持ち上げ、右横にのびやかに書き進めます。ひねり上げる動きをトレーニングしましょう。

口伴奏と文字の書き方

み ➜ 横から斜め、丸め上げて右横に、クロスでサー

- 文字の中心部分に短い横画を書き、一気に斜め左におろしていきます。転折（▲）で留めた筆圧を生かして、左斜め下におろしていきます。
- 上に丸め上げる直前の左下部では、少し曲線にするのがポイントです。直線からいきなり曲線にするというのは難しいものです。真っ直ぐ走ってゴールした直後にコーナーを曲がることが困難だということと同様です。
- 上に膨らませるように持ち上げて、クロスさせながら右横に引っ張っていきます。
- 三輪車のイラストを意識して、文字全体が正三角形になるように、右端の方で横に長い部分に「左はらい」を交差させましょう。

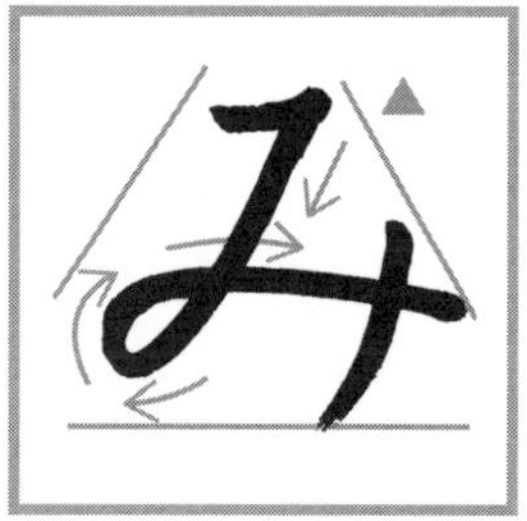

有効な支援

「書写体で示す」

特に、入門期や特別支援等の自学用のワークブックの中には、書写体ではなく、子どもが好感をもつようにと、商品広告のポップのような文字を使っているものが見られます。しかし、それでは「書き進め方」は分かりません。「書き進め方」を示し、共通部分のある「る」や「ろ」と「み」とを一緒に書くと、定着が容易になります。

ひらがな

19 みて、さんりんしゃ

なまえ

なぞってみよう

みみみ

となえながら かいてみよう

みみ

こんな ことばが かけるよ

み る

み らい

くる み

20 いぬは、だめ【め】【ぬ】

導入の工夫

両腕を使った大きなジェスチャーで「×」を示され、「だめ」あるいは「め」と言われたら、大抵はおとなしく聞き入れるでしょう。この動作は、音と相まって大変印象深いものです。後半の「おおまがり」を人の身体として一連の流れでとらえます。

動きのトレーニング

「×」は、右上から左下を先に書き、左上から右下を交差させるのが一般的ですが、ここでは逆に書きます。少し曲線を帯びさせながら、交差させましょう。

口伴奏と文字の書き方

め ➜ ばってん、角だし、くるりんサー

●中央寄りの左から右下に一筆目を書きます。

●二筆目は、一筆目の書き出しより右側の高い位置から左下に向かって、「ばってん（×）」を書く要領で、一筆目と交差させます。一、二筆目の始筆を曲線上に出し、「の」を書きます。

ぬ ➜ ばってん、くるりん、最後もくるりん

●「め」よりも一、二筆目を左寄りから書き始めます。

●「め」が「女」であるのに対して、「奴」の「ぬ」は、交差する部分は左側、右側の下には「むすび」を書きます。

有効な支援 「とらえにくい形と動き」

子どもたちは、長い直線状の部分や大きな円に注目します。しかし、点画が込み入って「ごちゃごちゃ」しているところにも意識が向いてしまいます。「め」は、一、二筆目が交差する部分の周囲に大きな円があるため、形のとらえが厄介です。そこで、腕を交差させた「ダメ」という動きを先にとらえてから、周囲の円の動きに進ませましょう。×の外側に円を書いてしまわないよう、気をつけて角が出るようにしましょう。

ひらがな 20

いぬは、だめ

なまえ

なぞってみよう

となえながら かいてみよう

ぬ め

ぬ め

こんな ことばが かけるよ

い□ぬ

こ□め

21 ちいさくあかい、だるまさん【あ】【ち】

導入の工夫

「安」を字源とする「あ」は、外形を下方に幅を広げた形に構えます。そこで、「だるま」の形状と「赤い」の「あ」とを結びつけてとらえさせます。ぽっこりと膨らんだお腹を印象づけると、曲線的な部分の書き進め方が具体的になります。

動きのトレーニング

短めの横から、弧を帯びた縦へのつながりを確認しましょう。しっかりと交わらせて、下方に長くのばします。

口伴奏と文字の書き方

あ → つながり眉、クロスでお腹ぽっこり、くるりんサー

- つながり眉の部分は、長くしすぎないようにし、少し右上がりに書くとよいでしょう。
- 二筆目は、一筆目にクロスさせ、左側を膨らませるように弧を書きます。
- 二筆目の右側、中ほどの高さから、「の」のてっぺんをとび出させるようにして、ゆったりと大まがりを書きます。
- 終筆の「はらい」は、はらう手前（◎）で筆圧を加えましょう。

ち → 横に書き、縦を膨らめ、小さく「つ」

- 「あ」と同様に一筆目は少し右上がりにして短めに書きます。
- 二筆目の斜め左におろしていく部分は直線で書いてもかまいません。右利きの場合には、自然な手指の動きで弧を帯びさせる方が書きやすいと思われます。
- 直線から「つ」の曲線に移るところ（▲）では、方向を変える前に、しっかり静止させましょう。

有効な支援 「目と手の協応動作を補う」

文字を書くことは、目でとらえた字形を、手を動かして再生するという「目と手の協応動作」です。これが困難な子どもたちに対しては、音（口伴奏）を加えたり、生活の中の物の形を提示するなどの工夫が必要です。目での認識を助け、動きのトレーニングを示して円滑な動きに近づけていくのです。

ひらがな

21 ちいさくあかい、だるまさん

なまえ

なぞってみよう

となえながら　かいてみよう

あ　あ

ち　ち

こんな　ことばが　かけるよ

く □（ち） □（あ） め □（あ） した

22 よいは、よいたね【よ】

導入の工夫

楕円形の種から茎がのび、若葉が出ています。短い根っこも見えています。成長は種から始まりますが、動きは上から下へと移動させるので、葉から茎へ、茎から種へ意識を移し、種を「むすび」と結びつけて、根の部分で書きおさめましょう。

動きのトレーニング

若葉の部分を少し右上がりの短い直線にします。中央を上から下に書き進めます。交わるのか接するのかをはっきりさせましょう。

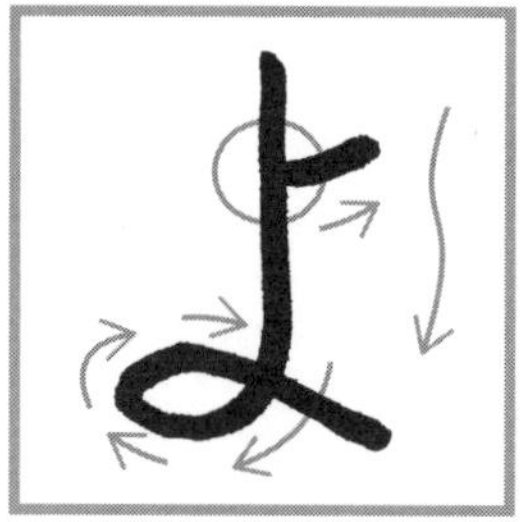

口伴奏と文字の書き方

よ ↓ 小さい葉っぱ、茎、種、根っこ

- 一筆目の若葉の部分は位置を確かめて、中心のから右へ、少しそり上げた右上がりに書きます。
- 二筆目は一筆目と交わるのではなく、一筆目に接しているということを、若葉と茎との関係で印象づけます。
- 直線から下方の「むすび」へとスムーズにつなげていくためには、直線の最下方を少し曲げて書くとよいでしょう。
- 一連の流れでとらえるには、「S字」をのばしたように書いていて「むすび」の「おたま」につなげていきましょう。

有効な支援

「既習事項との区別」

似ている平仮名の「ま」は、上部に縦横の交差が見られます。子どもたちは細かな部分をよく見てとらえることが苦手なうえに、既習の「ま」との区別が難しいので、具体物や口伴奏で支援し、違いを明確にしましょう。言語化は、特別支援に限らず、重要視されています。五感をフルに活用し、単に音を表す記号としてではなく、「ことば」としての平仮名学習を進めていきたいものです。

ひらがな 22

よいは、よいたね

なまえ

なぞってみよう

となえながら かいてみよう

よ よ

こんな ことばが かけるよ

□《よ》いこ

□《よ》る

も□《よ》う

23 かた、とんとん【か】

導入の工夫

お年寄りの肩の丸みと腕、たたいている子どもの脇の部分に「か」の字形を重ねています。「か」の字源は「加」なので、一、二筆目と三筆目との間を広くしますが、曲線部分を大きく中央に書いてしまいます。そこで、肩たたきの光景をとらえさせます。

動きのトレーニング

右上がりから左下にまがる動きを確認しましょう。

肩の部分の形をイメージしながら、ゆったりと曲げて書きましょう。

口伴奏と文字の書き方

か ➜ 丸い肩ピョン、左にトン、右にもトン

- 左半分のスペースの中ほどの高さのところから、右上がりに書き始めます。肩の丸みを思い浮かべて書きましょう。
- 下（▲）まで書き進めたら、「ピョン」と左上にはねます。
- 左下に斜めに「トン」とおろすように書きましょう。
- 右側にも、対照的な方向に、「トン」とおろします。このとき、筆記具を持たないで、左下に、右下に、「トン」「トン」と口伴奏をしながら、角度を確かめましょう。

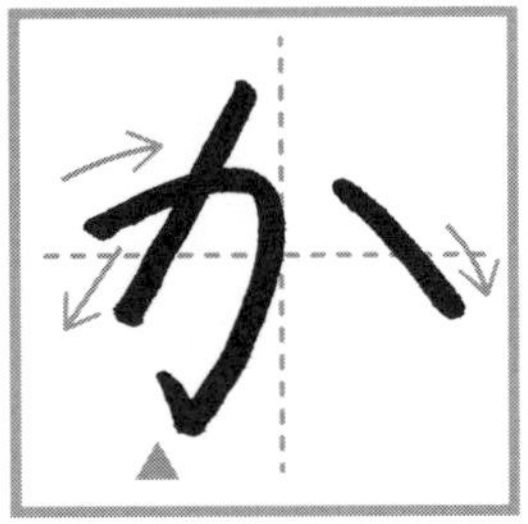

有効な支援

「左右対称」

線対称の形をとらえさせるためには角度が重要になります。しかし、角度を意識するのは難しいものです。そこで、まっすぐに立って「八」の字のように両腕を少し広げた友だちの姿から確認させます。もう一度、イラストに戻って、お年寄りの腕の部分と子どもの脇とが「八」の形で対称的になっていることをとらえさせましょう。

左右のバランスを取ることが難しい場合には、字形を気にすることなく、左側に丸い部分を書き直線を交差させることと、右側に長めの線を書くことを確認します。何よりも、肩たたきの温かいふれあいを大事にとらえさせたいものです。

ひらがな 23

かた、とんとん

なまえ

なぞってみよう

う
う
う

となえながら かいてみよう

か
か
□
□

こんなことばが かけるよ

□《か》た

□《か》き

□《か》さ

24 われた、せんべい【わ】【れ】

導入の工夫

はじめに左側に長い直線を書きます。それが、お煎餅に加えられた大きな力「パリーン」です。そこから、ギザギザと亀裂が広がっていくイメージです。後半の「大まがり」は煎餅の丸い形状でとらえましょう。身近な経験と関連づけて意識を高めます。

動きのトレーニング

左側に長い直線を書き、そこに交差させながらギザギザを書きます。「つきかえし」の書き方は「え」（p.42）と同じです。

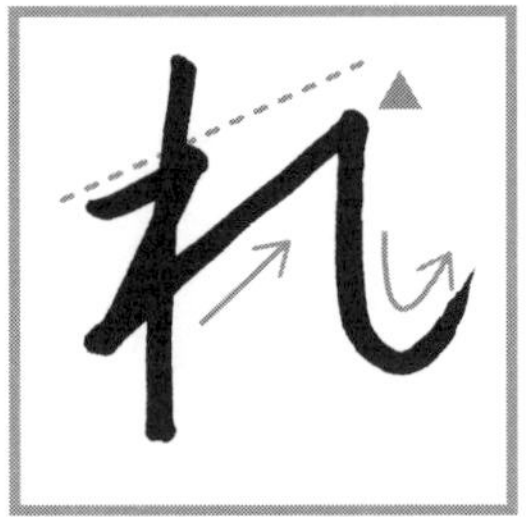

口伴奏と文字の書き方

わ ➔ 長くバリッ、ギザギザ、丸めてサー

- 書き出し位置に注意して、まっすぐ下に書き進めます。
- 一筆目のギザギザ部分は、「右上、左下」と確認して、折り返す回数を誤らないように注意します。折り返し位置（▲△）では、しっかり止まって方向を変えましょう。
- 左下から右上方へと、ゆったりと「大まがり」を書きます。
- 最後は、サーっとはらいましょう。このときに、一筆目の直線よりも、高い位置ではらい終わるように気をつけます。

れ ➔ バリッ、ギザギザ、持ち上げて「し」

- 「れ」の前半（一筆目の直線からギザギザの部分まで）は、「わ」と同様に書き進めていきます。
- 折り返した左下から斜め右上には、まっすぐ素直にはらい上げます。頂上を丸く書く方法もありますが、うねってしまい字形が崩れやすいので、直線的に書いてください。
- 高い位置（▲）から「し」を書きます。

有効な支援 「書き出し位置」

書き出しが垂直におろす線の場合は、中心から書き始めてしまうことがよくあります。イラストの割れたお煎餅を意識して、左側に書きましょう。

ひらがな 24

われた、せんべい

なまえ

なぞってみよう

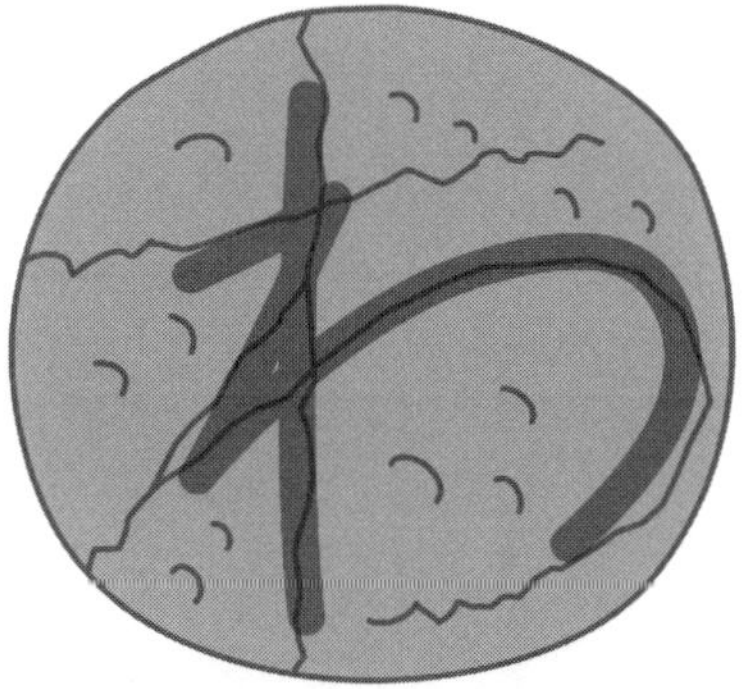

れ れ れ

となえながら かいてみよう

わ れ

わ れ

こんな ことばが かけるよ

□《れ》つ

□《わ》に

25 ねこの おねだり【ね】

導入の工夫

左向きに座っている猫がおねだりをしています。ゆっくりとお尻を高く上げてから、お座りをする猫の動きをとらえてもらいたいので、イラストは、通常よりも背中の部分を高く描いて強調しています。左側の部分の書き方は猫の首や前足に当てはめます。

動きのトレーニング

右上に持ち上げるように曲線的に進めてから、おろした最後は「むすび」です。「は」（p.50）のところで動きを確かめ、つながりを意識させましょう。

口伴奏と文字の書き方

ね ➜ ねこの前足ギザギザ、お尻を高く、後ろ足は小さく丸めて

- 一筆目と二筆目の前半は、「わ」「れ」の復習です。「わ」の曲線的な持ち上げ方と同じように右上に書き進めます。
- 背を、尻尾に近い方で高くするイラストを参考にして、右上に書き進めていきます。
- 一番高くなった位置から、下に進み、最後の部分を「むすび」にしておさめます。丸くむすんでも構いませんが、小さくむすぶためには、「おたまにおみそ」の書き方が有効です。
- 一連の動きを、リズミカルにとらえましょう。

応用の意図

「ことばの使い方を学ぶ」

発展に挙げた「ねこのめ」では、混同しやすい「ね」と「め」の違いをはっきりさせましょう。さらに紛らわしいのが「ぬ」です。「いぬは、だめ」（p.60）というタイトルでイラストを思い出し、「ね」との区別を確実にしましょう。

愛らしい猫の「ね」、「ねむい」などは、子どもたちに身近なことばです。さらに、「ごめんね」「いいね」など、「ね」を語尾につけると会話が和らぐことも体感していることでしょう。ことばの使い方も含めて、力をつけていくことが重要です。

25《ひらがな》 ねこの おねだり

なまえ

なぞってみよう

となえながら かいてみよう

ね

ね

こんな ことばが かけるよ

□《ね》この□《め》

□《ね》るは□《ね》

26 いちご、ひとつぶ【ひ】

導入の工夫

みずみずしいイチゴのイラストから、「ひ」の理想的な字形をとらえることができます。「なす」のように下膨れにならないことが重要だからです。緑色の「ヘタ」の部分から書き始め、赤い粒の外周を辿るようにして、最後は「ヘタ」に戻ります。

動きのトレーニング

左側に、やや右上がりの短い線を書き、一度止まって方向を変える前半と、曲線的な逆三角形を書いたら静止して、斜め右下への短い直線を書く後半の、どちらにも共通した動きを練習しましょう。

口伴奏と文字の書き方

ひ ➜ ヘタ、ピタッ、赤い実、ピタッ、ヘタ、トン

- 書き出し位置に気をつけて、短く少し右上がりの横画を書いたら、ピタッと止まります（▲）。
- 左側を膨らめて下に進み、最下部を丸くカーブさせてから、右上方を目がけて、はらい上げます。
- 上に到達したら、△でもピタッと止まります。
- 斜め右下に、最初のヘタ部分と同じ長さに書いておさめます。

有効な支援　「ひし形状の丸」

曲線を書くときに、速さや筆圧を位置によって変化させるとよいことは先に述べました。イチゴはひし形状なので、少し複雑になります。まず左側にゆっくりと膨らめます。その後右下に引き締めていきます。最下部の曲線からは、すくい上げるような動き（「右上はらい」を書く要領）で、ひし形の右側の膨らみもとらえてしまいます。

子ども向けだからと、丸く書くことを強調すると不自然な動きになってしまいます。前後に書く「ヘタ」の部分についても、真横に広がることのないよう気をつけさせましょう。

ひらがな 26

いちご、ひとつぶ

なまえ

なぞってみよう

イ イ イ

となえながら かいてみよう

ひ ひ

□ □

こんな ことばが かけるよ

あさ□《ひ》

□《ひ》とつ

□《ひ》と

27 ゆったり、ゆっくり【ゆ】

導入の工夫

「ゆったり」とした指揮者の「手」の動きを思い浮かべましょう。片側の腕を振ってリズムを刻み、もう一方の腕を身体に引き寄せて丸く構え、回転させています。

直線部分と円状の部分とがつながっているので、リズムに気をつけて書きましょう。

動きのトレーニング

ゆったりと大きく丸を描いたら、今度は上にはらい上げていきます。縦長のうずまきをイメージしましょう。

口伴奏と文字の書き方

ゆ ➜ ゆったりおろし、折ってぐるりん、上からサー

- リズムを刻む腕を意識し、「に」（p.48）の一筆目と同じように書きます。
- 下（▲）で、しっかりと静止したら、時計回りに大きく円を書きましょう。まん丸よりも、少し右に倒れた円にする方が楽です。
- 一回りする手前の、下方の中ほどまで書き進めたら、真上にはね上げる感じで方向を変えます。
- 上から下に、サーとはらいます。このとき、長くのばさないよう、気をつけましょう。

応用の意図

「『ゆめ』を抱く」

「ゆったり」「ゆっくり」「ゆるやかに」などの様子を表すことばは、ここで紹介したイラストのイメージと相まって、字形の認識に役立ちます。「ゆかい」「ゆたか」「ゆみなり」などのことばを扱えると広がっていきます。

しかし、一番扱いたいのは、本書を執筆するきっかけになった「ゆめ」ということばです。子どもたちは、「ゆめ」を書きながら、どんな夢を抱くのでしょう。

ひらがな 27

ゆったり、ゆっくり

なまえ

なぞってみよう

となえながら かいてみよう

ゆ

ゆ

こんな ことばが かけるよ

□《ゆ》うやけ

□《ゆ》め

ふ□《ゆ》

28 いしを、とぶ【を】

導入の工夫

石をとび越える人の姿で「を」の書き方を印象づけます。少し右上がりに書く一筆目は人の腕。交差させた後に垂直におろす二筆目は、頭の部分から前傾した胴、石を越える片足を表しています。三筆目の左に膨らむ半円で、大きな石をとらえます。

動きのトレーニング

左下へ斜めに書いたら、つき返して持ち上げていきます。とび越える足のすねは垂直です。

口伴奏と文字の書き方

を → 腕、振り上げ、片足あげて、石をとぶ

- 腕を前後に振り上げて片足を上げる動作をしてみると、一筆目と二筆目との交差の角度をイメージできます。
- 左に書き進めたら、一度止まり、つき返してから、文字の中央で足の「すね」部分をとらえます。
- 右上から、左下部を膨らませた半円状の曲線を書き、「すね」の中ほどに交わらせます。
- 文字全体の外形をひし形に構えるように意識しましょう。

応用の意図 「助詞の獲得」

会話では助詞の省略がよく見られます。しかし、場の状況が分からないなかで「いし、とぶ」と聞いたら、「石がとぶ」とも考えられ、全く意味が異なります。

たった一文字の平仮名ですが、それを書くことによって、意思や状況を正確に伝える文を作ることができるのです。さらに「は」や「が」を使うと、何がどうするのか、だれがどうしたのかなど、動作の主体をはっきりでき、「に」「と」「へ」などの語を使えるようになると、位置や方向等を示すことができます。一つ一つの語やことばを大事にとらえて、正しく書けるようにしましょう。

ひらがな 28

いしを、とぶ

なまえ

なぞってみよう

となえながら　かいてみよう

を

こんな　ことばが　かけるよ

を
いし□とぶ

を
て□つなぐ

カタカナ 指導アドバイス

片仮名は、仏典（テキスト）の字間や行間に訓読を素早く書き入れる必要性から、主に漢字の一部を取って生まれ、符号として活用されていました。それから、学者や僧侶によって実用化され、平安時代の後期には、字体・字数ともに現在に近い形になりました（次ページ）。

そのため、片仮名の筆使い（書き進め方）を習得すると、漢字の基礎を学ぶことになります。形が単純化できるということは、覚えやすいと同時に混同しやすいということになります。個々の片仮名を構成する部品（パーツ）をしっかりと覚え、組み合わせていきましょう。

ワークの進め方は次のとおりです。

1 イラスト文字

グループ分けにし、取り扱う文字をタイトルのことばには含めてあります。口に出しながら、学習する文字を確認しましょう。身近なものの形から動きを想起させます。

ここでは、本来片仮名を使わない言葉も挙げていますが、それは「オン」とカタカナの形を結びつけることをねらっているからです。ことばの響きを味わいましょう。

2 なぞってみよう（パーツのトレーニング）

片仮名では、基本のパーツとして、「ノ、＼、一、｜、丿、㇀」の六つ（次ページ）を挙げています。特に、直線的なものからトレーニングをしてみましょう。

一とおり「パーツ」の動きを学習したら、今後は「組み合わせ」の確認になります。一画で書くところを分割して「パーツ」に分けている場合もありますので、「書き進め方」を確認するときには、その点に注意してください。

3 となえながらかいてみよう（文字の書き方）

口伴奏を手立てにして書いてみます。平仮名のときと同様に、「空書き」で大きく書いて確認し、次に「指書き」で動きをおさらいしたら、「筆記具を手にして書く」というように進めましょう。実際に書くところでは、規範文字を書写的視点にも対応させて書いています。無駄のない動きをとらえさせて、書き進める際に役立て、混同を避けるためです。

4 こんなことばがかけるよ

発展としては、「ことばあそび」「つかってみよう」「チャレンジ」の三つに分類して手立てを示しています。「ことばあそび」では、「音」に着目し、「ことばのリズム」や「響き」を楽しんでもらいたいと願っています。自由に「発語」させ、「発話」する習慣がつけば、どんどん会話がつながっていくことでしょう。「つかってみよう」では、主に「文をつくる」ことをねらっています。主体的な学習へと導く手掛かりにしてください。「チャレンジ」では、「ことばを育てること」によって、「コミュニケーション能力」を磨くことを意図しています。ことばを知り、それを使って書けることが喜びにつながることを期待しています。

カタカナの字源

ア	カ	サ	タ	ナ	ハ	マ	ヤ	ラ	ワ
阿	加	散	多	奈	八	万	也	良	和
イ	キ	シ	チ	ニ	ヒ	ミ		リ	
伊	幾	之	千	二	比	三		利	
ウ	ク	ス	ツ	ヌ	フ	ム	ユ	ル	ヲ
宇	久	須	川	奴	不	牟	由	流	乎
エ	ケ	セ	テ	ネ	ヘ	メ		レ	
江	介	世	典	祢	部	女		礼	
オ	コ	ソ	ト	ノ	ホ	モ	ヨ	ロ	ン
於	己	曽	止	乃	保	毛	与	呂	ン

カタカナの基本パーツ

漢字の一部をとって作られたカタカナは、横画や縦画、左はらいなどのパーツを組み合わせていけば正確に書くことができます。パーツは全部で六つです。「ナ」のように「一」と「ノ」から構成されていてそれぞれ単独で一画で書く場合と、「フ」のように「一」と「ノ」で構成されていても合体させて一画で書く場合とがあります。特別支援の書字では、画数のカウントを気にするよりも、パーツを正確に覚えて書くことが重要になります。

パーツ1

パーツ2

パーツ3

パーツ4

パーツ5

パーツ6

1 めっ、だめ！【メ】

導入の工夫

振り下ろす手の動きで、「ダメ」という禁止の意味を示し、「メッ」という音声を重ねて印象づけましょう。二つのパーツは、それぞれが一画になっているので、書き方の違いをはっきりさせて、確実にしましょう。

パーツのトレーニング

ノ（左はらい）

カタカナ四十八文字の約半数に使われている左はらいです。少し曲線的に、左下に「サー」とはらいます。

基本パーツ1

口伴奏と文字の書き方

メ ➜ サーと交わり、右下でとめ

●少し曲線にして、左下に、サーっとはらいましょう。

●「ノ」の中ほどで交わるように、「＼」を書きます。左上から「点」を打ち、それを右下（●）に長く引っ張るようにします。

ことばあそび

アメふりメソメソ　メガネがくもった
ラーメン　大すき　メロメロ　メロン

チャレンジ 「まちがいさがし」

正しいのはどれかな。

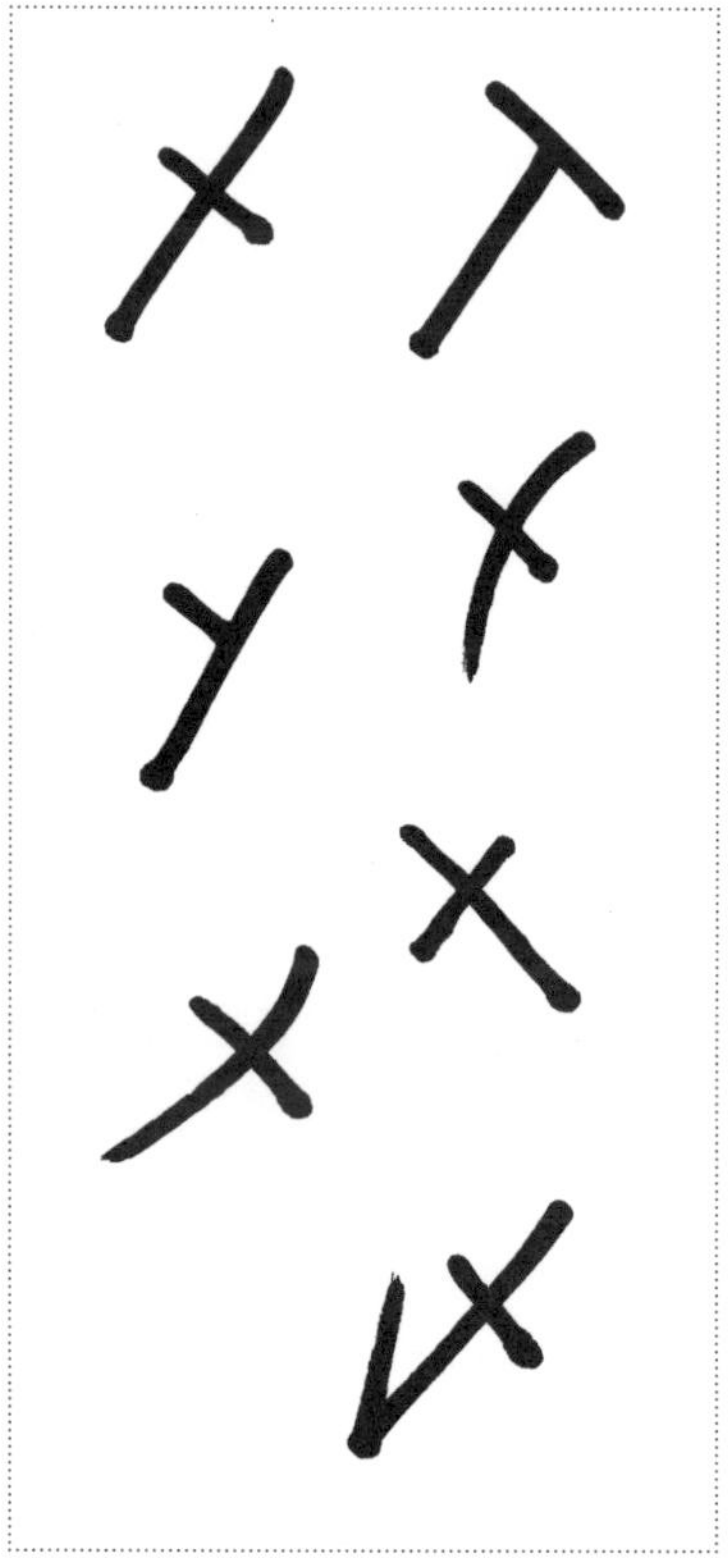

カタカナ《》

1 めっ、だめ！

なまえ

なぞってみよう

ノ

＼

となえながら かいてみよう

メ

メ

こんな ことばが かけるよ

ア □ メ

カ □ メ

□ メロン

□ メ

2 「はーい」のこえ【ノ】【イ】【ハ】

導入の工夫

口元に手を当てて「ハーイ」と呼んでいるイラストを見て、状況をイメージします。文字をとらえる際には、字形と音とを結びつけるために、声に出して自分の耳にも印象づけます。カタカナは、それぞれのパーツをしっかり覚えれば形よく書けます。口伴奏によって、パーツを確認しましょう。

パーツのトレーニング

＼（長点：左上から右下への線）

左上から右下へと、やや長めにおろします。紙面に対して斜めに打ちこむ感じにし、始筆は軽く、下方に進めるにしたがって徐々に力を加えましょう。ここでは、画の方向に意識をもたせ、左下へ（ノ）、真下へ（イの二画目）、右下へ（＼）の三方向を扱います。また、左下と右下とは対称的ですが、終筆を「はらい」にするか「とめ」にするかというところの区別も必要です。縦画は別の箇所（p.84）で取り上げます。

基本パーツ2

口伴奏と文字の書き方

ノ ↓ サー

●少し曲線にして、左下に、サーっとはらいましょう。「メ」のときと同じです。

イ ↓ サーに、縦

●「ノ」の中程の位置から「｜」を書きます。交わらないように気をつけましょう。

ハ ↓ サー、はなして右にとめ

●二つのパーツの始筆は、接しないよう少し間をあけ、同じ高さに構えます。

●声を出す人の身体を文字の中心線として垂直にとらえ、左右の手の傾け具合を同じにして、「ノ」と「＼」との角度をとらえましょう。

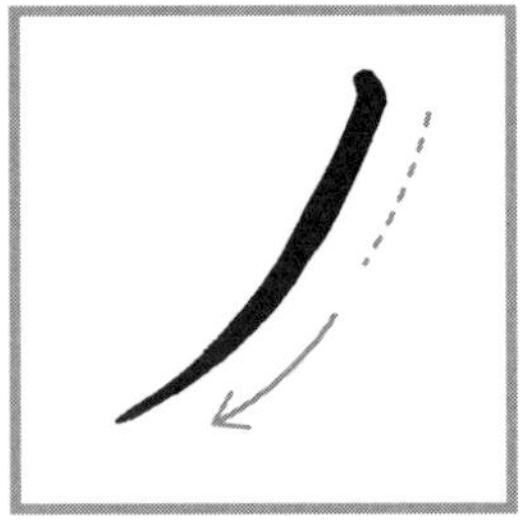

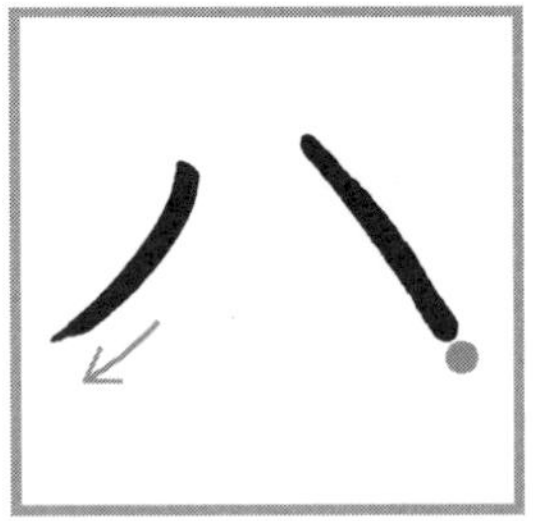

ことばあそび

イイ葉　イイ歯　母の歯　イイ歯

ハラハラ　パラパラ　バラバラ　ハッパ　バッハ　バーバパパ

カタカナ 2

「ばーい」の こえ

なまえ

なぞってみよう

ノ

＼

となえながら かいてみよう

ノ ノ

イ イ

ハ ハ

こんな ことばが かけるよ

ハ ワ イ

ノ ート

3 たてよこ、えんぴつ【エ】

導入の工夫

学校生活でおなじみの鉛筆です。長さの違う鉛筆を用意して、机の上で組み合わせてみると、字形の確認が容易になります。「横、縦、横」という単純ながら基本的な動きをとらえて定着させましょう。点画が接しているのか交わっているのかという細かい部分にも気を配って、丁寧に書くように働きかけたいものです。

パーツのトレーニング

一（横画）

ただ横に、左から右へと線を引くだけのことですが、始筆を「トン」と置いて筆圧を加え、「スー、トン」で送筆と終筆もしっかりとらえましょう。

｜（縦画）

横画と同じように、始筆と終筆を確実に押さえ、垂直に線を引きます。

基本パーツ3

基本パーツ4

口伴奏と文字の書き方

エ ➔ えんぴつ三本、横、縦、横

- 横画二本と短い縦画を組み合わせます。横画二本は、下の方が長くなるように書きましょう。
- 一画目と三画目とに接する二画目。微妙な動きがとらえられない児童の場合は、ピタッと接することを要求せず、少し隙間をあけて書き、交わる誤字を避けさせましょう。

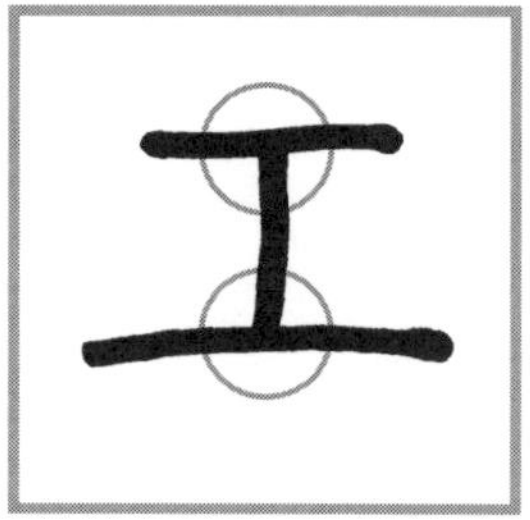

ことばあそび

エンエン泣き虫
エンソク（遠足）エンキ（延期）
エイガ（映画）に行ったら
たちまちエガオ（笑顔）

なまえ

カタカナ

3 たてよこ、えんぴつ

なぞってみよう

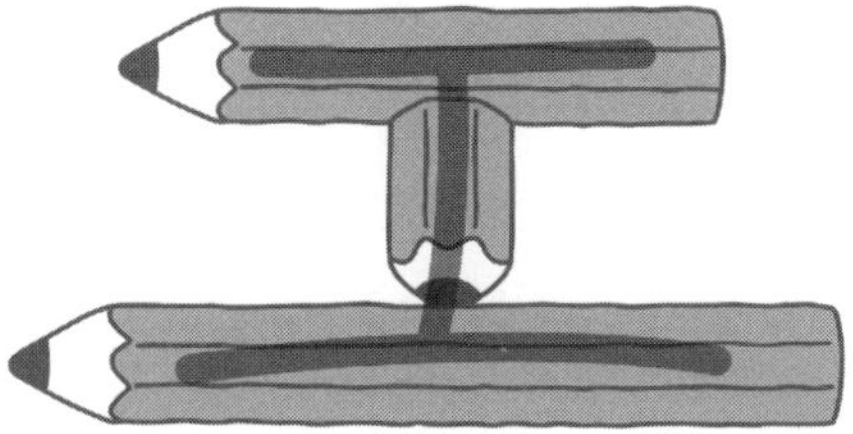

となえながら かいてみよう

エ

エ

こんな ことばが かけるよ

□（エ）キ

□（エ）ンピツ

□（エ）ホン

4 りんご、そっくり【リ】【ソ】【ツ】

導入の工夫

くし形に切ったリンゴの形状から、「リ」の字形と書き進め方をとらえさせます。「リ」の二画目は、左斜め下にはらう「ノ」とは違い、途中までまっすぐに書き進めるので、垂直部分が長くなります。一画目の縦画を斜め点にした「ソ」や点を二つ書く「ツ」についても、ここで一緒に学習して、混同を避けるようにしましょう。

パーツのトレーニング

丿（下方ではらう左はらい）

つながり意識を大事にしながら、左部分に直線や点点などを書き、右の部分に「左はらい」を書く動きを身につけましょう。

「ツ」は、平仮名の「つ」の動きを重ねてとらえます。

基本パーツ5

口伴奏と文字の書き方

リ ➜ りんごのまん中短く縦、まっすぐ下におろしてサー

- 左側の上方から書き始め、短く縦におろしていきます（●）。
- それと平行になるように、右側の上方からまっすぐ垂直におろしてから、サーっと左下にはらいます。

ソ ➜ 左に点、右は、サーで、逆三角

- 左側に「点」を打ち、右側からは「ノ」を書きます。
- 二つがぶつからないように、書き出し位置に気をつけて、文字全体が逆三角形になるように構えましょう。

ツ ➜ 点点、サーで、「つ」を書こう

- 左上に「点」を打ち、その右隣にも「点」を書きます。
- それらと同じ高さから「ノ」を書きます。平仮名の「つ」の動きと重ねて覚えるとよいでしょう。

つかってみよう

ツリ、ソリ、コツコツ、コソコソ、リンリン、ツンツン

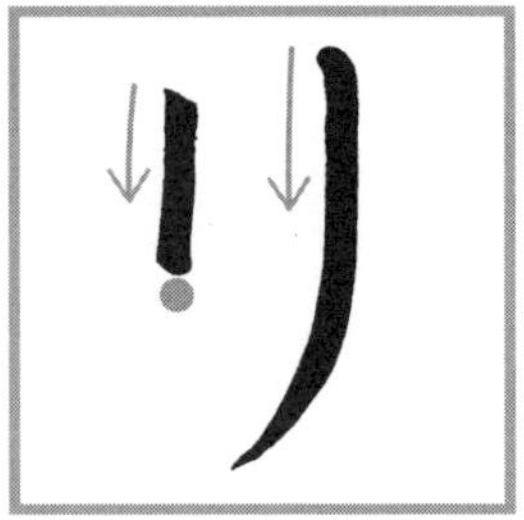

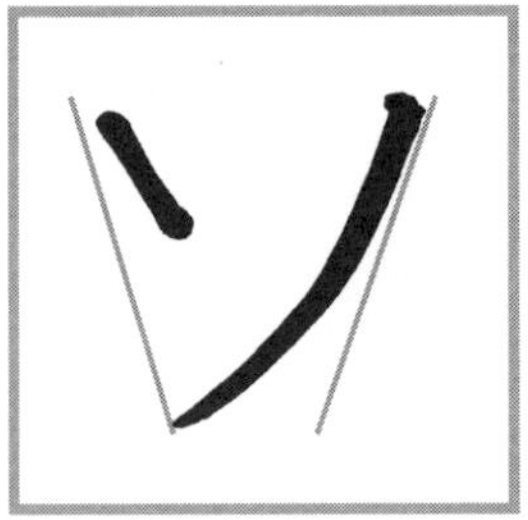

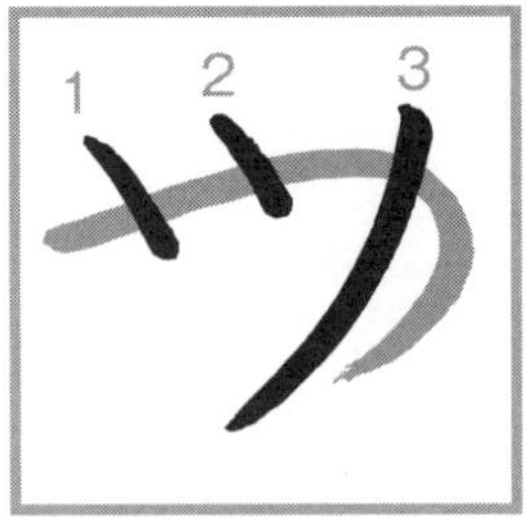

カタカナ

4 りんご、そつくり

なまえ

なぞってみよう

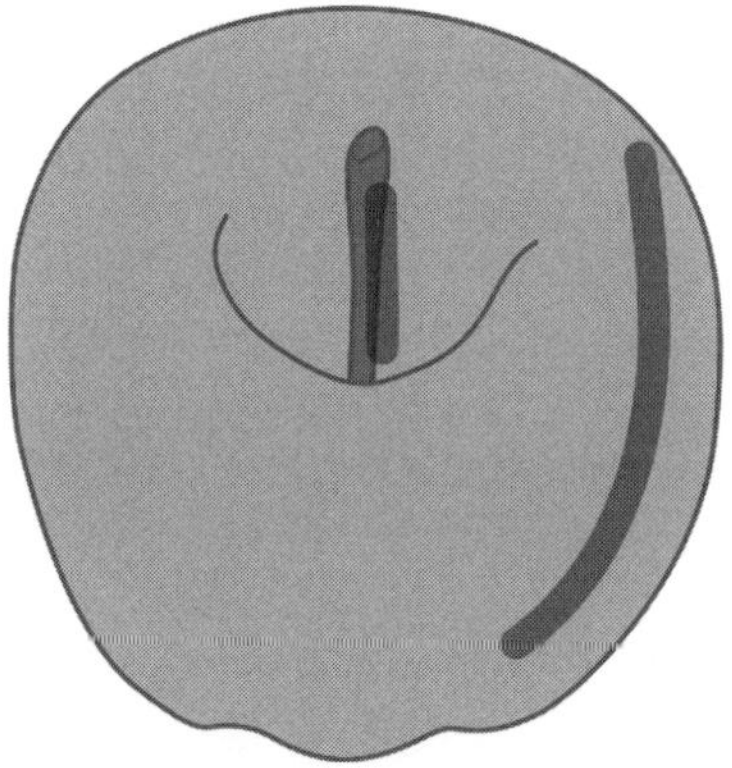

となえながら　かいてみよう

リ　リ

ソ　ソ

ツ　ツ

こんな　ことばが　かけるよ

ソリ

ツリー

5 みかんの しる【ミ】【ン】【シ】

導入の工夫

ミカンの房の形状と種とで「ン」を印象づけます。斜め点を縦に並べた「ミ」も一緒に取り扱い、「シ」は「点＋ン」でとらえさせます。「しる」の語によって平仮名の「し」の書き方を導いて、「右上はらい」の書き方を重点的におさえましょう。

パーツのトレーニング

ノ（右上はらい）

左下から書き始め、少し弧を帯びさせ右上にはらい上げます。書き進める方向を確実にしないと、終筆の「はらい」が定着しません。平仮名の「し」の動きに重ねながらトレーニングしましょう。

基本パーツ6

口伴奏と文字の書き方

ミ ➜ みかんの種、点、点、点

- 上から下に三つ、斜めの点を書きます。
- ミカンの種を並べたような感じに、等間隔に書きましょう。

ン ➜ 種一つ、その下からすくい上げ

- 斜め点を一つ打ちます。
- 下に軽く点を打ち、これを二画目の始筆にして、すくい上げるように、右上はらいを書きましょう。

シ ➜ 種二つにすくい上げ

- 今度は斜め点を二つ打ちます。このときに、平仮名の「し」と同じように、上から下への動きを意識して、上下に並べます。
- 下の方の点から、点同士の距離よりも少し広めにあけて、下方に軽く点を打ちます。
- サーっと、すくう感じで右上にはらい上げます。

チャレンジ 「様子をとらえる」

ミーン　ミン　ミンミンミン／夏にきこえるね。何の鳴き声でしょう。

シーン　シンシン　ミシミシ／どんなときにつかうかな。

カタカナ

5 みかんの しる

なまえ

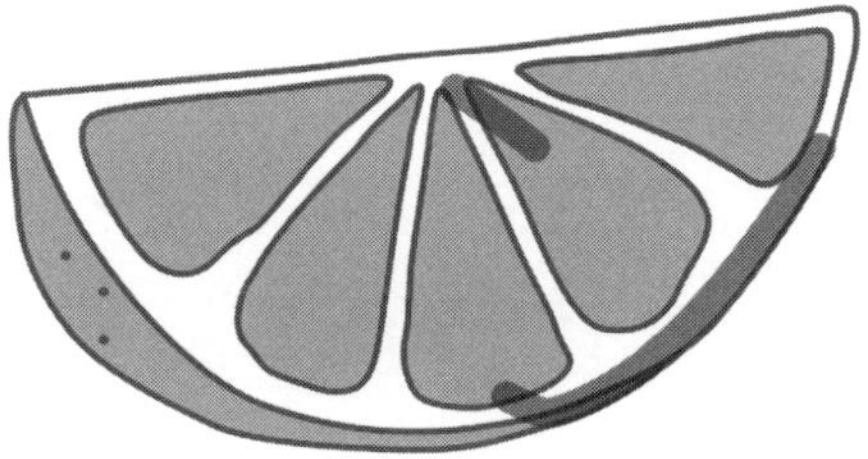

なぞってみよう

となえながら かいてみよう

ン

シ

こんな ことばが かけるよ

ミ
シ
ン

ミ
カ
ン

6 にらを、いためる 【ニ】【ラ】【ヲ】

導入の工夫

水平方向や斜めに菜箸を動かして「ニラ」を炒める様子から、書き進め方や字形をイメージさせます。「ニ」で横画をおさえ、「ノ」と合体させて「ラ」につなげます。さらに「ヲ」との違いに注目させます。書くことは難しくても、「ヲ」の存在を知ることによって会話が確かになり、ことばの世界を広げることができるでしょう。

パーツのトレーニング

一（横画）、接し方

「ノ」の書き出し位置によって、「ラ」と「ヲ」の違いが生まれます。ここでは、「二」にどのパーツが接しているのかに注目させましょう。

「ピタッ」とくっつくように、ゆっくりなぞって練習します。

パーツ3＋パーツ1

口伴奏と文字の書き方

ニ → ニラニ本、下長く

●二本の横画の長さの違いを確かめましょう。少し右上がりに書けるとよいですが、それよりも傾きすぎたり、二つの画が平行にならなかったりすることを避けましょう。

ラ → 「ニ」からサー

●「ニ」の二本目の「一」の終筆では、ペンを紙面から離さずに方向を変え「サー」と「ノ」を書きます。

●外形が逆三角形になるよう意識して、「ノ」の終筆を長くなり過ぎないようにしましょう。

ヲ → 上長く、二本書いて、上からサー

●誤った筆順で「フ」に「一」を加えるように書くと「ラ」との混同につながります。一画目を長く書きましょう。

チャレンジ 「文をつくろう」

ニラ　ヲ（を）いためる

ニコニコしながら、ラッパ　ヲ（を）ふいている。

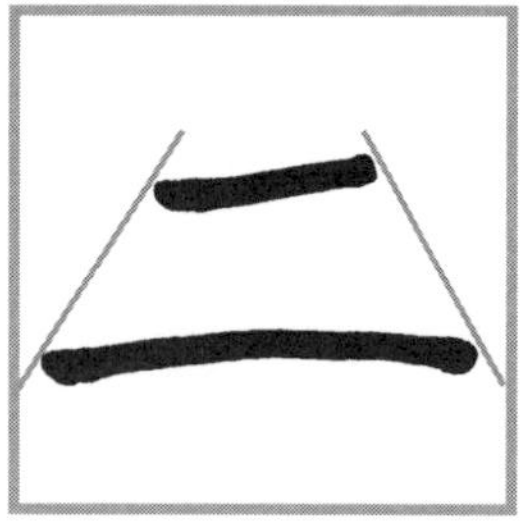

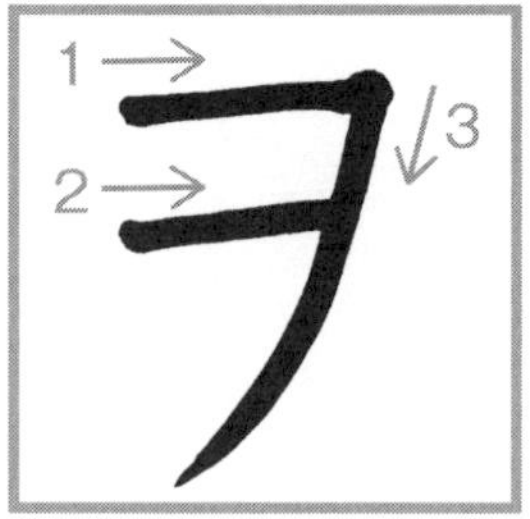

なまえ

カタカメ 6

にらを、いためる

なぞってみよう

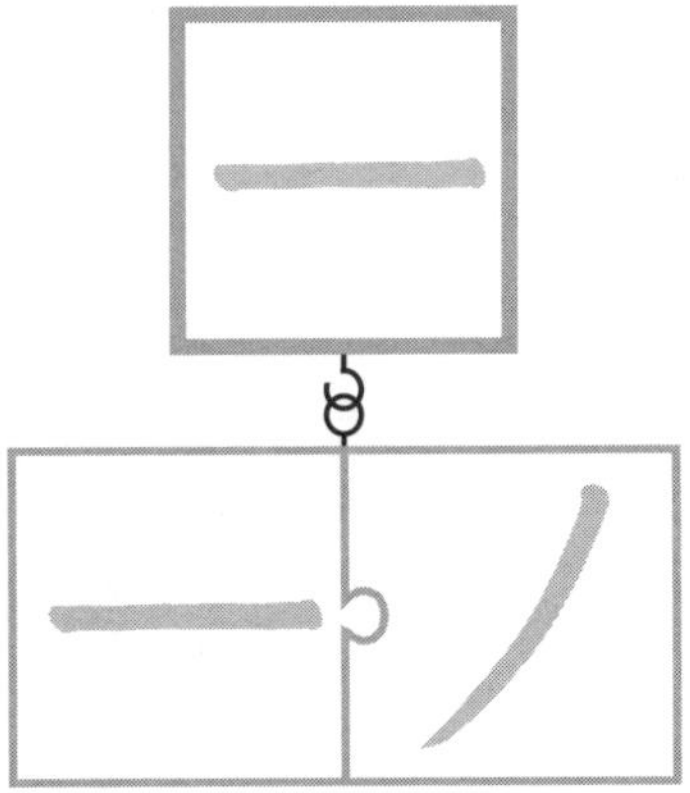

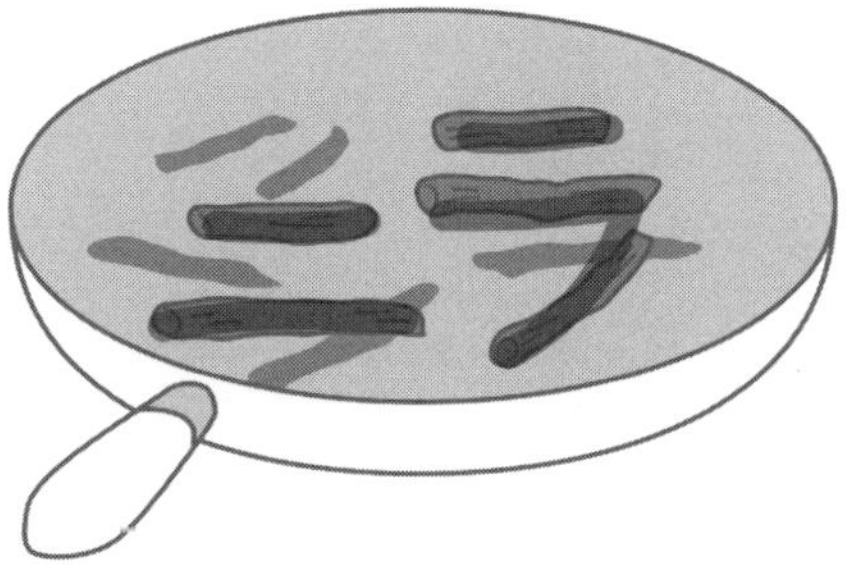

となえながら かいてみよう

ニ ニ

ラ ラ

ヲ ヲ

こんな ことばが かけるよ

ニ
ラ
ヲ
いためる

7 れーすの るーる 【レ】【ル】

導入の工夫

直滑降してから、上空に飛び上がっていく「ブルーインパルス」などの航空ショーのイメージです。まずは、上から下への直線をとらえ、その終筆から「右上はらい」を書く動きを、イラストで確認させましょう。

パーツのトレーニング

|＋ノ

右上はらいの曲線部分の印象が強いので、縦方向のパーツを曲げてしまう現象が起こります。縦を書いたら一呼吸おくというリズムを大事にしましょう。

パーツ4＋パーツ6

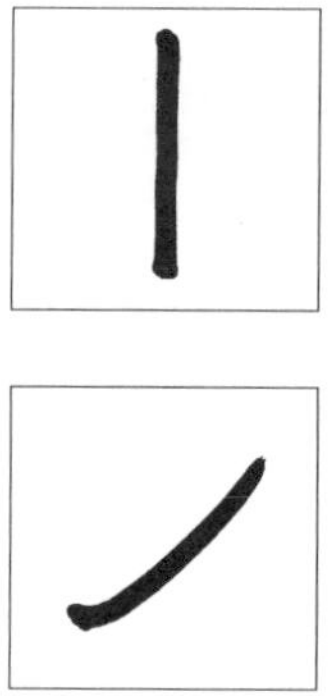

口伴奏と文字の書き方

レ ➔ 縦にまっすぐ、ピタッと止まってすくい上げ

- まっすぐ下に直線を書きます。文字の中心を考えて、書き出しの位置を決められるとよいでしょう。
- 一端、しっかり止まり、そこから右上に向かって、すくい上げるように右上ばらいを書きましょう。

ル ➔ 下向きの「ノ」、右に並んで「レ」

- はらう方向に気をつけて「ノ」を書きます。書き出し位置の確認も忘れないようにしましょう。
- 「ノ」の書き出しの高さと同じぐらいの位置から「レ」を書きます。このときに、となりに書かれている「ノ」の曲線に惑わされて、弧をおびさせないように注意しましょう。

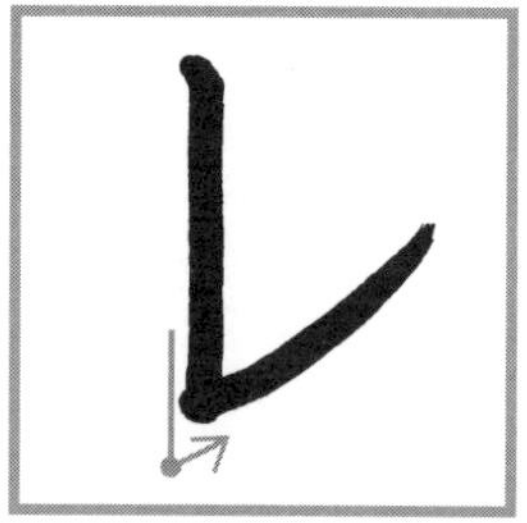

ことばあそび

レール　レース　ルーレット　ルール　ゴール　ゴーフレット

ヨレヨレ　アレアレ　アルアル　ヨルヨル　アレアル？　ヨルヨレル？

※「レ」や「ル」は、発音しにくいので、しっかりと口をあけて声に出しましょう。

カタカナ 7 れーすの るーる

なまえ

なぞってみよう

ノ

｜ ノ

となえながら かいてみよう

レ ル

レ ル

こんな ことばが かけるよ

レ
ー
ル

ゴ
ー
ル

8 うふふと、わらう【フ】【ワ】【ウ】

導入の工夫

笑っている人の口元は、まさしく「フ」や「ワ」の形をしています。笑い声にもいろいろありますが、「ガハガハ」ではなく「エヘヘ」でもない、「ウフフ」です。この笑い声には、幸せな気分や温かい雰囲気が感じられませんか。

パーツのトレーニング

ワ＝|、フ（一＋ノ）

「フ」は「一」と「ノ」で書き、「|」と「フ」とで「ワ」を書きます。

短い縦画や縦点の書き方を確認しながら組み合わせましょう。

パーツ3＋パーツ1

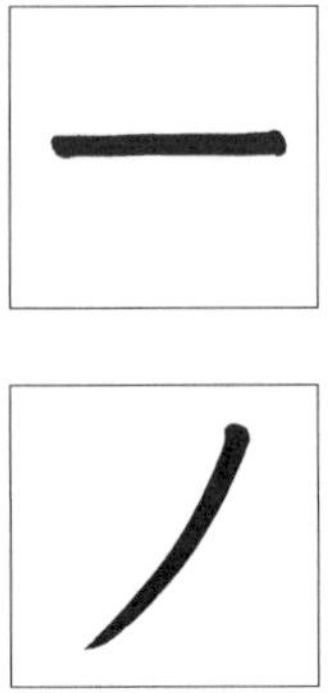

口伴奏と文字の書き方

フ ➜ 笑った口元、横書いてサー

●「一＋ノ」は「ス」や「ヌ」にもありましたが、その「一」は短めに書いたのに対して、「フ」の「一」は長めに書いて、全体を逆三角形に構えます。

ワ ➜ 短く縦、横書いてサー

●逆三角形の外形を意識して、左側に短く縦画を書いてから、「フ」につなげます。この短い縦画を、「はらい」にする誤りが多くみられます。短い画も、正確にとらえましょう。

ウ ➜ まん中に、短く縦で、「ワ」を書こう

●まず、縦点を文字の中心部に書きます。そして「ワ」につなげていきます。

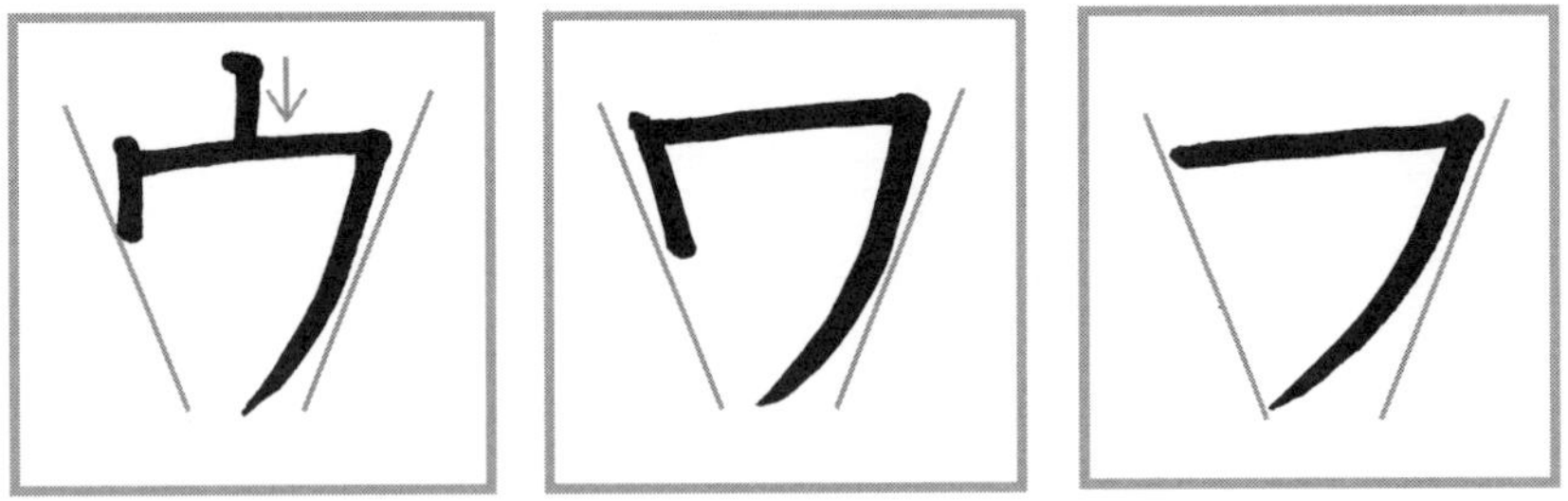

ことばあそび

フウワリ　フウセン（風船）　フワフワ　ワタガシ（綿菓子）　ウマイウマイ

ウフフとワらって　おかワりちょうだい

カタカナ 8

うふふと、わらう

なまえ

なぞってみよう

となえながら かいてみよう

フ
フ

ワ
ワ

ウ
ウ

こんな ことばが かけるよ

□エ（フ）

□ニ（ワ）

□メ（ウ）

9 あたまも、まっしろ【マ】【ア】

導入の工夫

イラストは、「まっ白（マっしろ）な鳥」に関連させ、横方向のパーツから短い左はらいにつながる一画目を、鳥の翼に見立てています。「マ」と「ア」は似ているので、一緒に取り扱うことによって、その差異をはっきりさせましょう。

パーツのトレーニング

一＋ノ

既に取り扱っている「左はらい」を、ここでは横方向の画と組み合わせて、小さく書き、一画にします。

「トン、スー、トン」と横画を書いたら、終筆の位置で確実に止まり、左下に向かって、弾みをつけてはらいましょう。

（パーツ3＋パーツ1）＋パーツ2

口伴奏と文字の書き方

マ ➜ 横から「ノ」、長い点をくっつけて

● 横画は筆圧を一定に書き進めていきます。その流れで小さい「左はらい」を書こうとすると、はらいになりません。とまったところで、弾みをつけて紙面から離すようにしましょう。

● 文字の外形が逆三角形になるように意識して、はらいの書き終わりに重ねるように長めの「点」（●）を書きます。

ア ➜ 横から「ノ」、下向きにサー

● 「マ」と同じように二つのパーツを組み合わせて「一＋ノ」を書きます。

● 「ノ」は斜め左下にではなく、垂直方向に弧を帯びさせてはらいます。

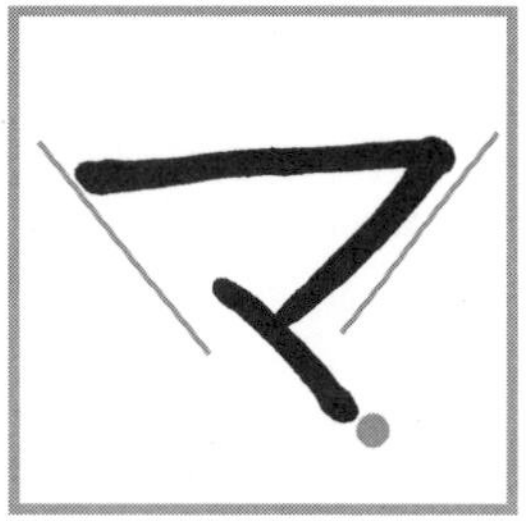

ことばあそび

マアマア　アマい（甘い）マーマレード

マっさお（まっ青）なヤマ（山）　マっしろ（まっ白）なくも

※「マ」と「ヤ」との違いをはっきりさせましょう。

カタカナ

9 あたまも、まっしろ

なまえ

なぞってみよう

となえながら かいてみよう

マ ア

こんな ことばが かけるよ

ヤ□（マ）

□（ア）オ

□（ア）イス

10 たけ、くろす 【ク】【タ】【ケ】

導入の工夫

イラストはタケヤブの中を表しています。先のとがった笹の葉から「左はらい」をイメージさせます。葉っぱが重なっている様子から、「左はらい」が組み合わさっている「タ」や「ケ」「ク」の形状を想起させましょう。

パーツのトレーニング

間に書く点

「タ」は、「ク」に点を書き加えます。平行に書いた二本の「左はらい」の間で、どちらにも交わらないように書くのは、結構たいへんです。

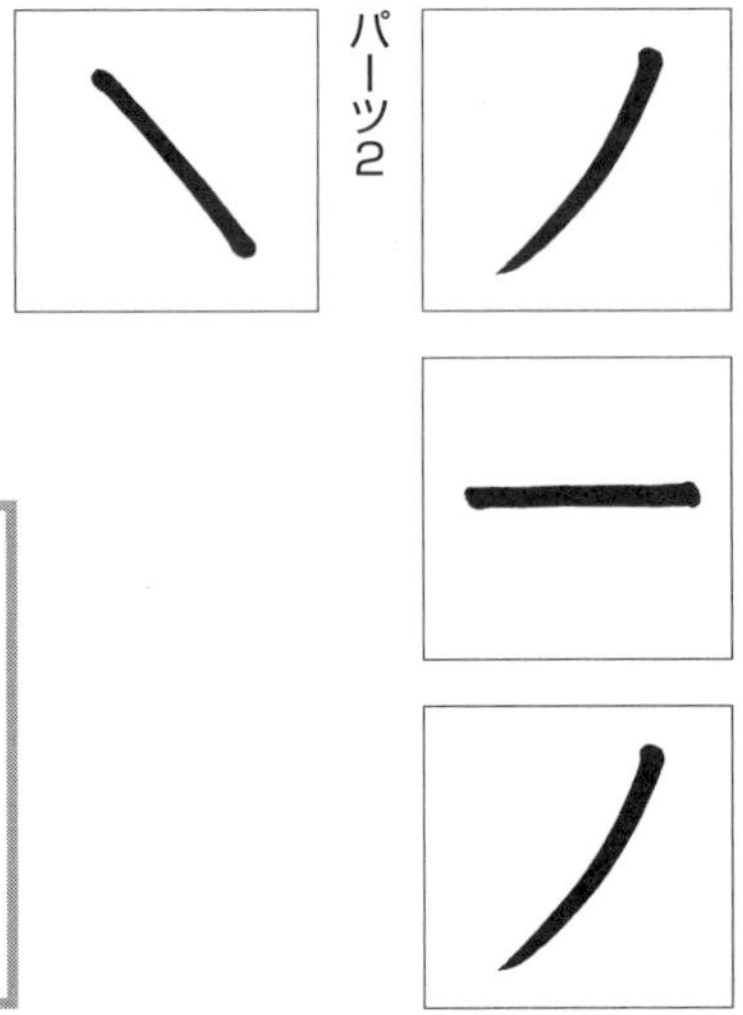

パーツ1＋（パーツ3＋パーツ1）

パーツ2

口伴奏と文字の書き方

ク ➔「ノ」に、横からサー

●短く「ノ」を書きます。

●その書き始めより少し下から横に書き、折れてから「左はらい」を書きます。最初の「ノ」と平行にしましょう。

タ ➔「ク」の中に点

●「ク」の中ほどに、長めの点を書きます。特に、下側の「左はらい」をつき抜けてしまわないように気をつけましょう。

ケ ➔「ノ」、「一」のまん中からサー

●「ク」と「ケ」は、どちらも「左はらい」と横画とを組み合わせますが、「ケ」は一つのパーツが一画になっていて、三画で書きます。しっかりと「ク」と区別して、「一」のまん中から、三画目の「ノ」を書くようにしましょう。

チャレンジ 「ことばを楽しもう」

クスクスわらう。ケタケタわらう。／笑い方の違いが、分かるかな。

タケやぶ　やけた／回文（上から読んでも下から読んでも同じ）を楽しもう。

カタカメ

10 たけ、くろす

なまえ

なぞってみよう

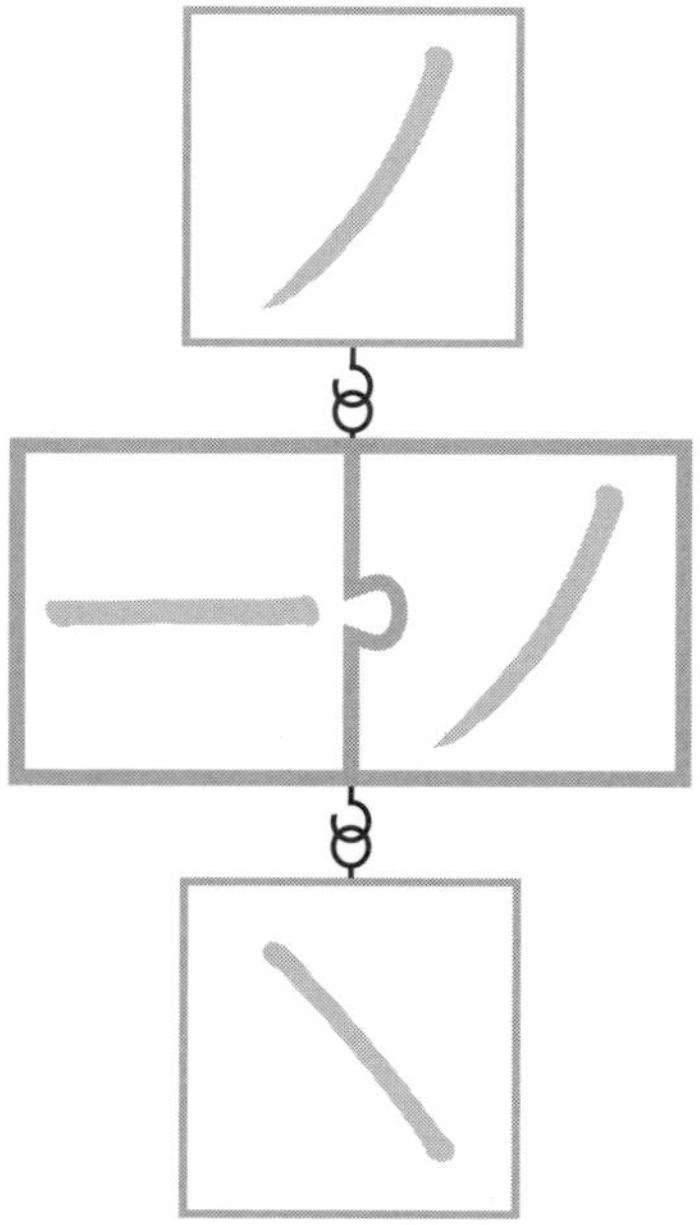

となえながら かいてみよう

ク ク

タ タ

ケ ケ

こんな ことばが かけるよ

□（ク）ツシ□（タ）

□（ケ）ーキ

11 なえの つち 【ナ】【チ】

導入の工夫

最初に書く横画は地面を表し、そこに交わらせる「左はらい（＝ノ）」を、「スコップ」の形状にたとえて印象づけます。地面に穴を掘っていく様子をイメージすることによって、しっかりと交差させることを確認させましょう。

パーツのトレーニング

交差

先に「一」その後に「ノ」というように、画と画のつながりを意識させて書き順を確かにしていきます。このときに、交わることを印象づけましょう。

交差：パーツ3＋パーツ1

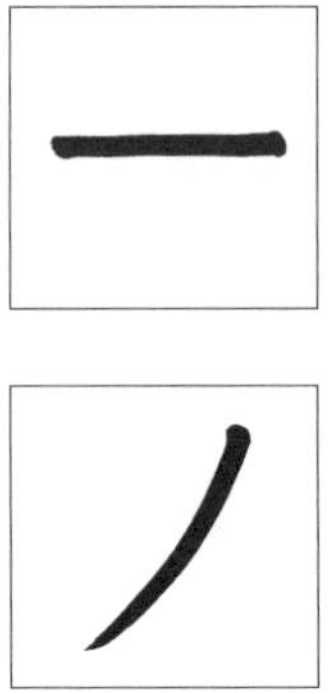

口伴奏と文字の書き方

ナ ↓ 地面にスコップ、「一」に交わる「ノ」

●書き出し位置に気をつけて「一」を書きます。

●その中央の上部から、「一」に交差させて「ノ」を書きます。全体の形を意識して、長くはらい過ぎないようにしましょう。

チ ↓「ノ」はらに「ナ」え

●右から左の方向に、水平に近い形ではらうように短く「ノ」を書きます。

●その「ノ」よりも幅広に「一」を書きましょう。

●最初の「ノ」よりも大きく「ノ」を書きます。はらいの方向や弧の形状など、一画目の「ノ」との違いに気をつけて書きましょう。

ことばあそび

ウチのチワワ　オモチをチーズとまちがえた
ノドにつかえて　ナミダナミダ

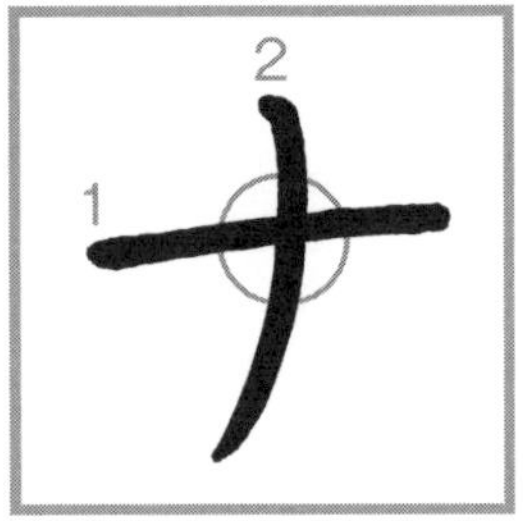

カタカナ

11 なえの つち

なまえ

なぞってみよう

一

ノ

となえながら かいてみよう

ナ　チ

ナ　チ

こんな ことばが かけるよ

□（ナ）エ

□（チ）ーズ

モ□（チ）

12 ささのは、さらさら【サ】

導入の工夫

最近では、市街地で笹の葉を見かけることは少ないですが、パンダとともに、テレビのニュースでよく紹介されています。イラストは、葉が重なって、「サ」の字を構成しています。先の細い葉の形状から、特に三画目の「はらい」を印象づけたいものです。

パーツのトレーニング

三画で構成

短い縦画と長い横画、縦方向に長い左はらいで構成します。逆三角の図形のとらえを確実にするためのトレーニングにしてあります。そのとき、書き順も押さえましょう。

交差：パーツ3＋パーツ4＋パーツ1

口伴奏と文字の書き方

サ ➜ 横一本、短くクロス、笹の葉サー

- 外形が逆三角形になるように、横画を長く書きます。
- それを三等分した左側に、短く縦を書いてクロスさせます。
- 右もクロスさせ、縦向きに「ノ」を書きます。しっかりクロスさせて、「ワ」と混同させないように気をつけましょう。

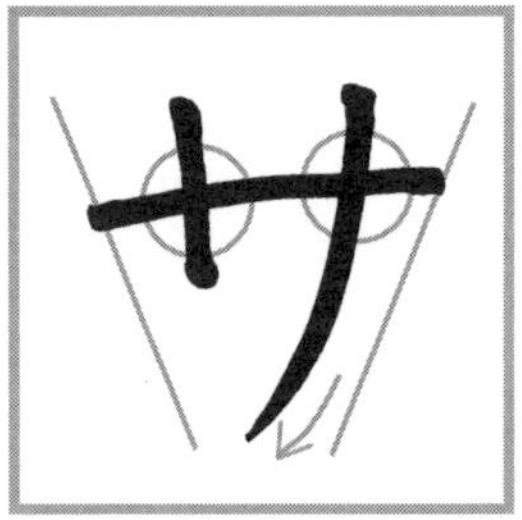

チャレンジ「ことばのリレー」

サヨナラサンカク　また来てシカク　シカクはとうふ　とうふは白い
白いはウサギ　ウサギははねる　はねるはカエル　カエルはあおい
あおいは葉っぱ　葉っぱはゆれる　ゆれるはゆうれい　ゆうれいはきえる
きえるはでんき　でんきはひかる　ひかるはおやじのはげあたま！

※地域によって違うようですが、どこでも語られている「ことばあそび」の一つです。親子や友だちと一緒に、身近なものを形や色などに着目して連想させながら、「ことばのリレー」を楽しみましょう。

カタカナ
12 ささのは、さらさら

なまえ

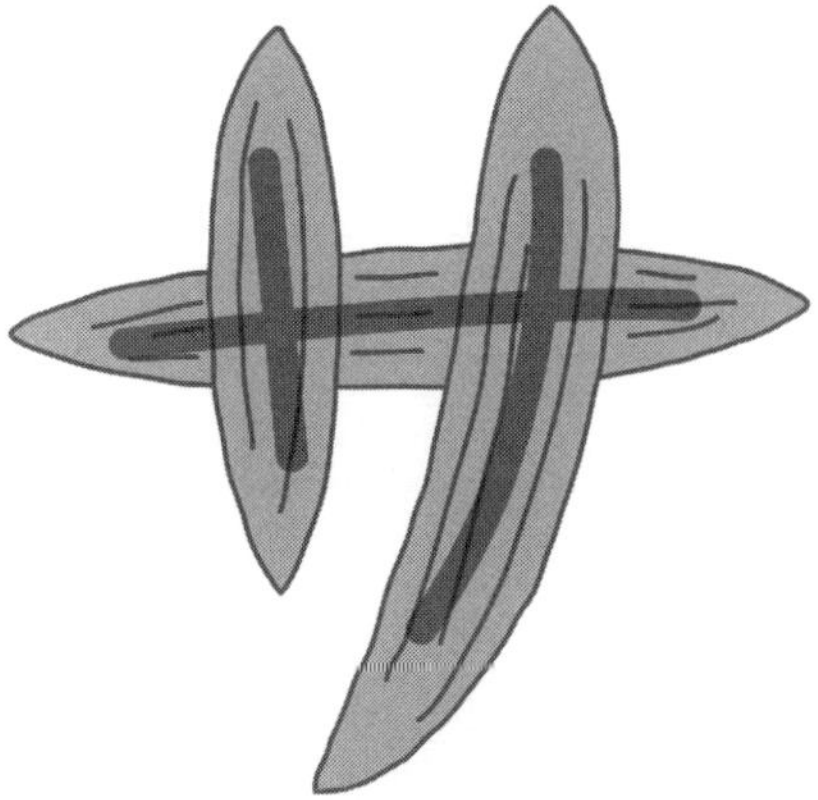

なぞってみよう

となえながら　かいてみよう

サ

サ

こんな　ことばが　かけるよ

サ

サ

サ

ラダ

サ

クラ

13 てがみを、もって 【テ】【モ】

導入の工夫

イラストはポストに手紙を投函している様子を表しています。郵便番号の記号と似ているので、「テ」は覚えやすい反面、混同も見られます。また、「二」の二画目に接するのではなく、交わる「モ」にもつなげながら、似ている字の違いをはっきりさせましょう。

パーツのトレーニング

〒と「テ」

「〒」を正確にとらえた後で、「ノ」のはらいを確認させます。

横画と縦方向の画との関係が、接しているか交わっているかに注目できるように、ここでは「パーツの見方」をトレーニングします。

口伴奏と文字の書き方

テ ↓ 郵便マークの、下はサー

- 「一、二」の部分では、下の方を長く書きます。
- 「〒」の三画目の縦棒を「ノ」に変えれば「テ」になります。
- 「ノ」の書き出し位置を二画目の中ほどにして、交わらないように気をつけます。左下にはらいましょう。「ラ」との混同にも気をつけましょう。
- 全体の形（外形）が逆三角形になるように、「ノ」の長さやはらう方向に注意しましょう。

モ ↓ 「二」書いて交差、右にぐにゃり

- 「一、二」で、「二」を書くところは「テ」と同じです。
- 「二」の一画目の中ほどから垂直に書き進め、二画目と直角に交わらせてから、右横に「まがり」です。
- 「も」や「チ」との違いも確かめましょう。

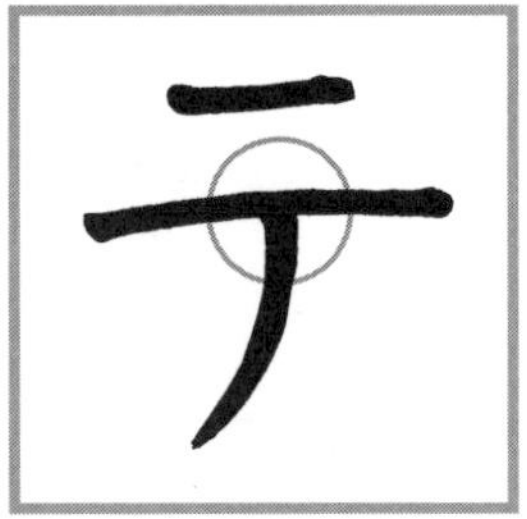

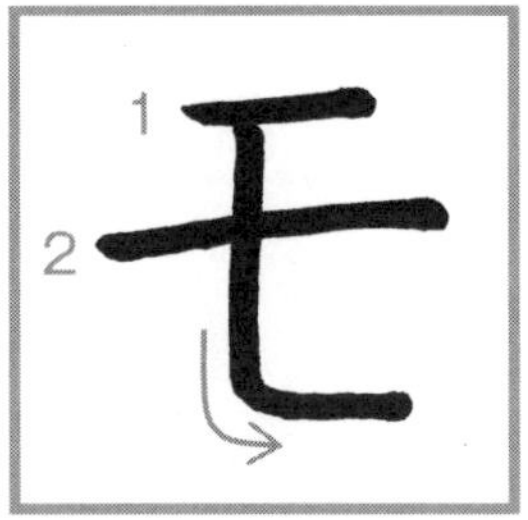

ことばあそび

おテラのおしょうさん　グッドモーニング
おイモにおモチ　モグモグたべた
モット　モッテきてください

カタカナ

13 てがみを、もって

なまえ

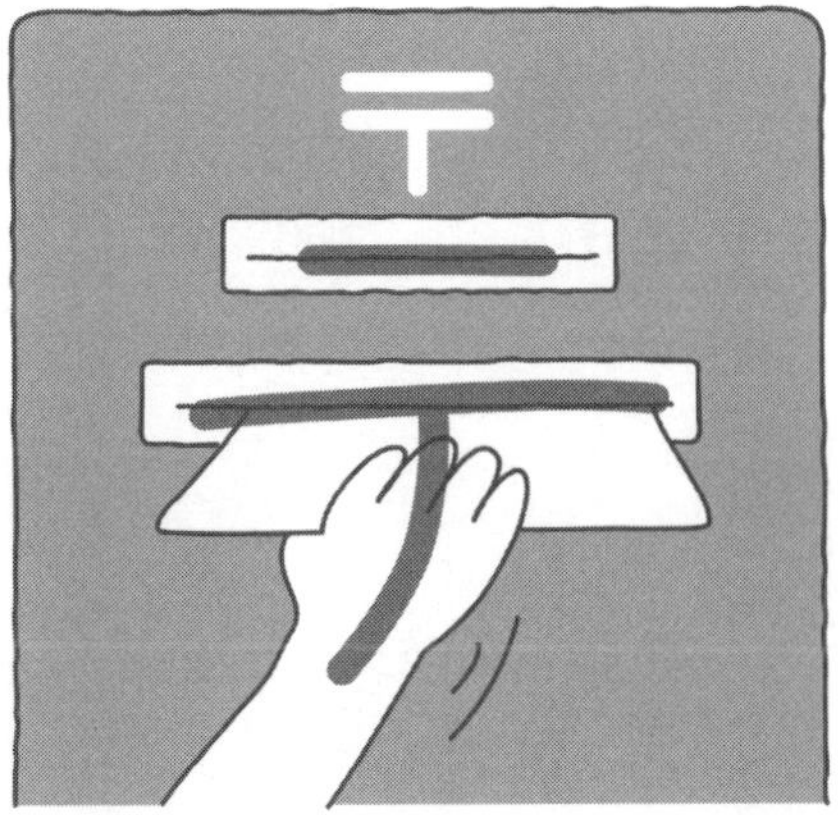

なぞってみよう

一

ノ

となえながら かいてみよう

テ

モ

テ

モ

こんな ことばが かけるよ

ホ□ル（テ）

ク□（モ）

14 すかーとの ぬの 【ス】【ヌ】

導入の工夫

ごきげんで駆けている女の子のスカートの裾が広がっている様子から、字形をイメージしましょう。文字を構成している画やパーツは同じでも、接しているか交わっているかによって、別の字になってしまいます。細かい部分に注目させましょう。

パーツのトレーニング

接し方、交わり方

「一」と「ノ」とを「一＋ノ」で合体させて、「フ」を形づくります。

左上から右下に、斜めの線を書きますが、そのときに、接するか交わるかがポイントになります。

接する：（パーツ3＋パーツ1）＋パーツ2

口伴奏と文字の書き方

ス ↓ スカートの裾、折ってサー、右下へ

- 「ノ」のはらいと「＼」とでスカートの裾が広がる様子をとらえられるように、「一」をあまり長く書かないようにします。
- 縦長に書いた「フ」の中ほどから、右下方向に長く線を書いてとめます（●）。交わらせないように注意しましょう。

ヌ ↓ 折ってサー、交わらせて点

- 「ス」と同様に「一」と「ノ」を合体させ、下方を広げるように構えます。
- 左はらいの中ほどで交わるように気をつけて、長めの点を書きましょう（●）。

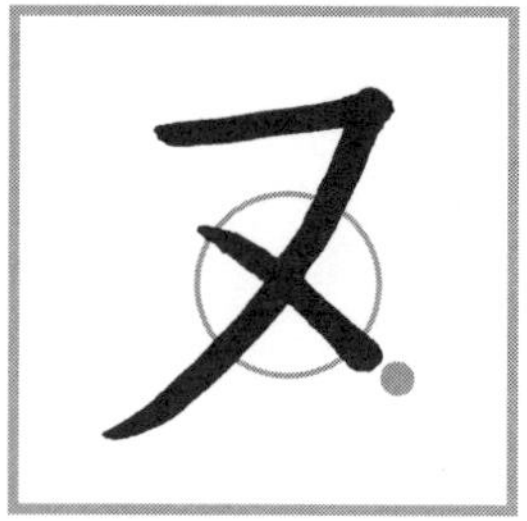

ことばあそび

スイスイ　スケート　すべってスキップ
スヤスヤおやすみ　スキスキすきやき
ヌクヌクソックス　ひとりでヌゲたよ（寒い日を想像して）
ヌメヌメたまご　ヌマをスミカにガマガエル（今では見られない光景）

カタカナ 14

すかーとの ぬの

なまえ

なぞってみよう

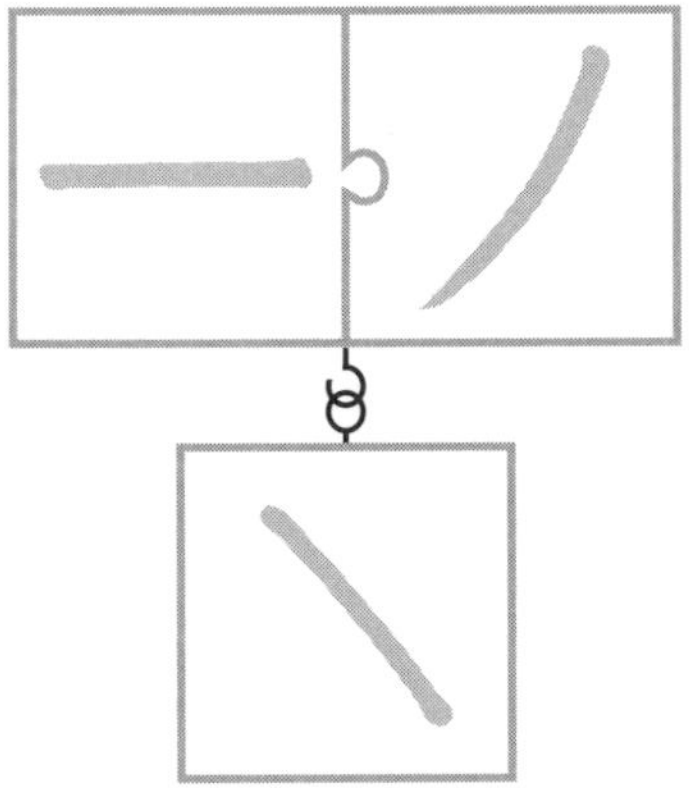

となえながら かいてみよう

ス ヌ

こんな ことばが かけるよ

□カート（ス）

イ□（ス）

□ノ（ヌ）

15 ねぎま、だいすき【キ】

導入の工夫

ここでは、「ヤキトリ（焼き鳥）」ではなく「ネギマ」をイメージさせます。同じくらいの長さに切った「長ネギ」二片の串刺しは、「キ」の形状にピッタリです。交わり方の角度を意識して書く場合にも、手に取って口に運んだ経験があれば、直交をイメージしやすくなるでしょう。

パーツのトレーニング

＼（斜め）

横画二本に斜めの画を直交させます。横画を少し右上がりに、平行に書きます。筆記具の持ち方が安定していないと、平行にとらえることは困難です。

また、同じぐらいの長さに書くのも、子どもたちには大変です。ゆっくりとらえさせましょう。

パーツ3＋パーツ2（直線）

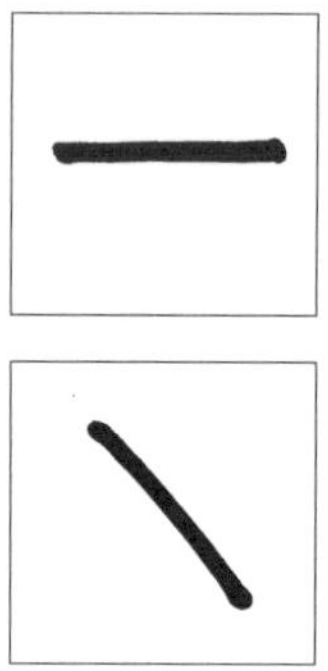

口伴奏と文字の書き方

キ ➜ 長ネギ二本を、斜めに串ざし

- まず、ネギを刺す串が上部に突き出ていることを確認し、一画目の書き始める位置を定めます。
- 少し右上がりの横画の運筆は、右手書字では、親指の関節と手首の動きによってとらえます。左手の場合は、曲げていた中指を伸ばす形で指の側面で押し上げて書きます。
- 二本に直交させて書く斜め右下方向の直線は、人差し指の関節の動きを利用し、鉛筆を強く握り過ぎないようにしましょう。

ことばあそび

ガラガラ　ギリギリ　グルグル　ゲレゲレ　ゴロゴロ
ガラガラガッチャーン　キリキリ　キリギリス

カタカナ

15 ねぎま、だいすき

なまえ

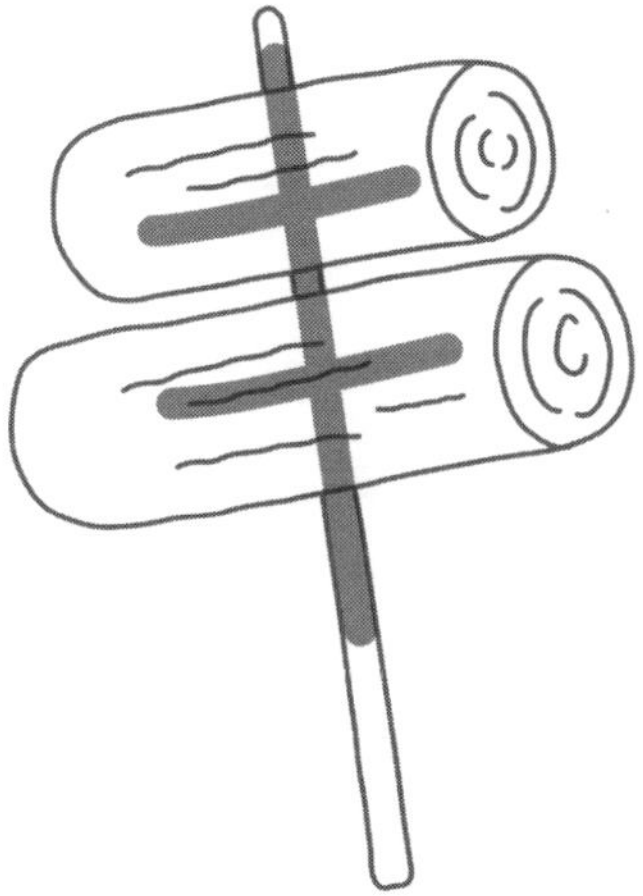

なぞってみよう

一

＼

となえながら かいてみよう

キ

キ

こんな ことばが かけるよ

□《キ》リン

□《キ》ク

ス□《キ》ー

16 はやさ、せかいいち【ヤ】【セ】

導入の工夫

「ハヤブサ」は、時速三百キロ以上でハトなどの野鳥を捕食するので、鳥類最速のハンターと呼ばれています。胴体を一直線に伸ばして俊敏に飛び立とうとしている「ハヤブサ」のイラストから、「速い（ハヤイ）」という語をおさえましょう。

パーツのトレーニング

右上がりの横画＋／

「マ」でとらえた翼の部分に、「キ」で取り扱った斜めの直線や「ヒ」のまがりを組み合わせて、「ヤ」や「セ」を書きます。ここでのポイントは、「一＋ノ」の部分を少し右上がりに構えることです。

交差：（パーツ3＋パーツ1）＋パーツ2（直線）

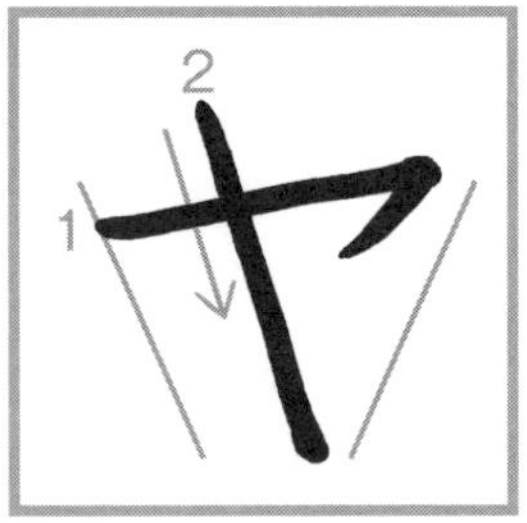

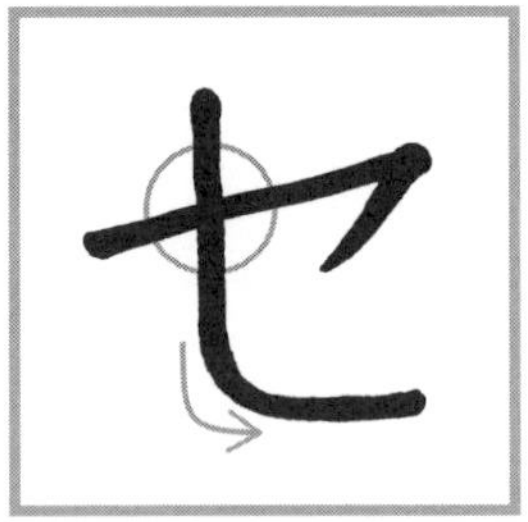

口伴奏と文字の書き方

ヤ ➜ 大空に向かって、横からサッ、斜めに交差

- 右上がりを意識して、「一＋ノ」を書きます。
- 斜めの直線「＼」は、「一」の部分の真ん中よりも左寄りの位置で交わらせましょう。
- 全体の形（外形）が逆三角形になるように構えます。

セ ➜ 横からサッ、交差でぐにゃり

- 「一＋ノ」を右上がりに書きます。
- 「一」のまん中よりも少し左寄りの位置で交わるように垂直方向に書き進め、「まがり」にして右横に方向を変えましょう。
- 「一＋ノ」に組み合わせる点画の違い（直線かまがりか）をはっきりさせることが重要です。

つかってみよう

ヤマ、ヤギ、ヤゴ、ヤシ、アヤメ、ハヤブサ、ヤッホー、ヤッター、ヤレヤレ
セミ、クセ、アセ、セカイ、ネグセ、セール、セーター、セメント、セカセカ

カタカメ

16 はやさ、せかいいち

なまえ

なぞってみよう

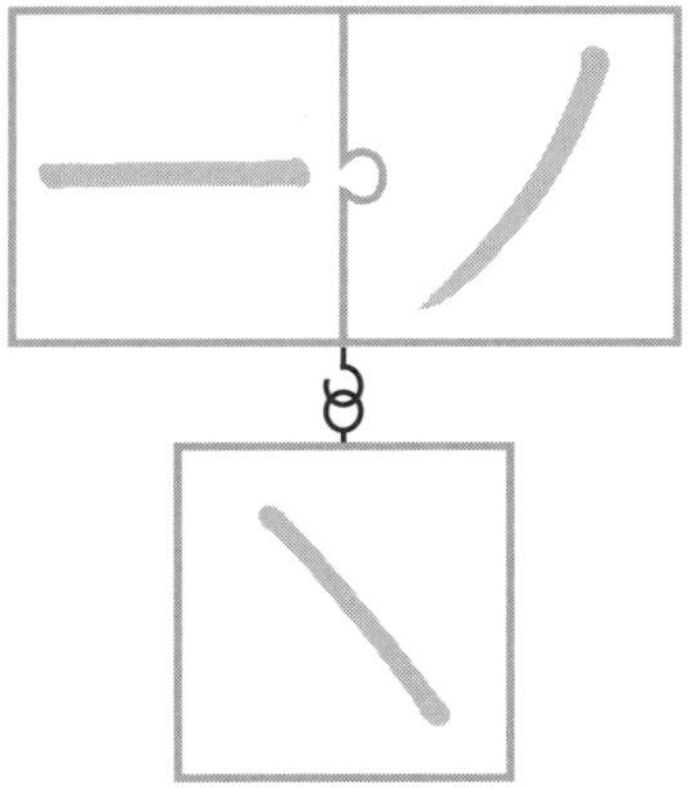

となえながら かいてみよう

ヤ セ

ヤ セ

こんな ことばが かけるよ

□□ブサ（ハ ヤ）

□ギ（ヤ）

□ミ（セ）

17 ほどう、おーらい 【オ】【ホ】

導入の工夫

自動車が通りを往来している状況をイメージします。「往来」の語は難しいので、ここでは、「発車オーライ」の「オーライ」をタイトルにしました。直角に交わる横画と縦画、終筆の「はね」、その交点からの「左はらい」を印象づけましょう。

パーツのトレーニング

よこたて十字

横から縦に交わらせ、終筆をはねて、交点まで戻ります。

「つながり」を意識して、斜めの路地をサーっと走りぬける動きを確認させましょう。

交差：パーツ3＋パーツ4（はね）＋パーツ1

口伴奏と文字の書き方

オ ➔ 横、縦、ピョン、斜めにサー

●横画は、少し右上がりに書けるとよいですが、水平でもかまいません。始筆の位置が高すぎると、上部に突き出すことが難しくなるので、交差点をイメージしてとらえさせましょう。

●縦画は横画の中央よりも少し右側で交わらせます。終筆では、斜め上に「ピョン」とはねましょう。

●二画の交じわる地点から、斜め左下に「ノ」を書きます。

ホ ➔ 横、縦ピョン、左にトン、右にもトン

●「ホ」は横画の中央に縦画を交わらせます。

●終筆の「ピョン」の後は、左下に向けて点を書き、それと対称的な位置に右下方向の点を打ちます。

ことばあそび

オーイ　オイ　ホーイ　ホイ　オホホ　ホホホ

※口を丸く開けて、のどの奥から声をだそう。

カタカナ 17 ほどう、おーらい

なまえ

なぞってみよう

一 ｜ ｣ ノ

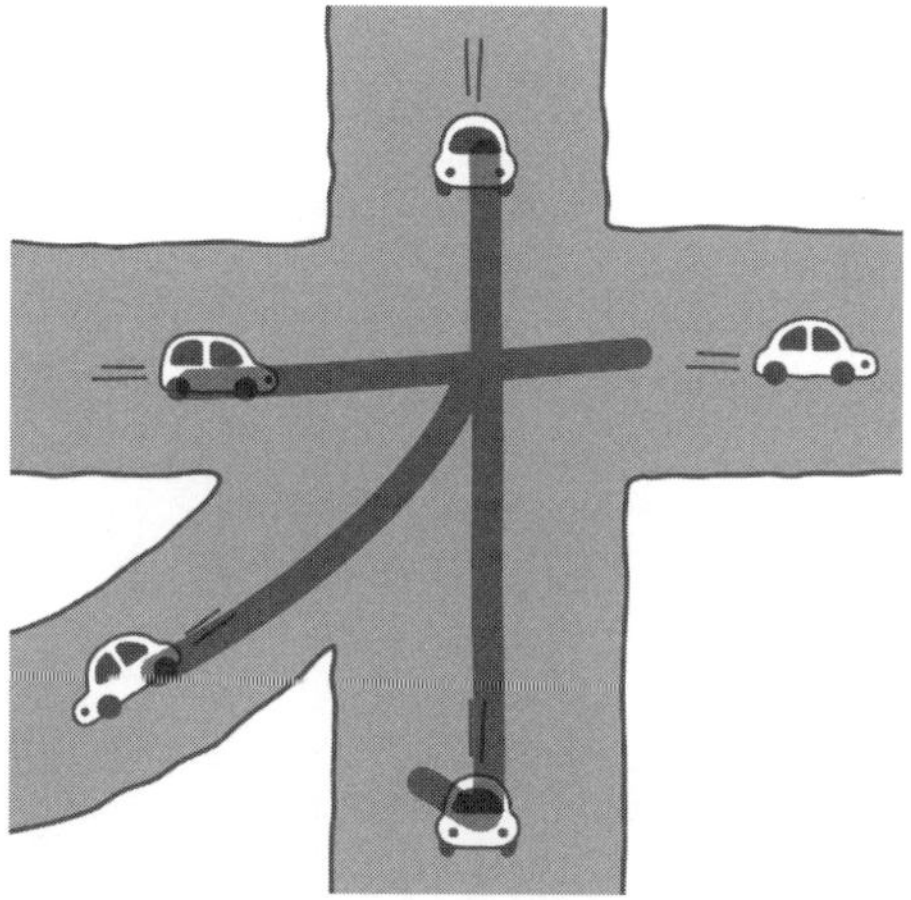

となえながら かいてみよう

オ ホ

オ ホ

□ □

□ □

こんな ことばが かけるよ

□（オ）ニ

シ□（オ）

□（ホ）タル

18 こっぷをよこに、ゆっくりと【コ】【ユ】【ヨ】

導入の工夫

子どもたちの日常に密着した光景は、イメージ化に役立ちます。ここでは、「コップ」を横にして水を飲んでいるイラストを導入に使用します。水平に構えたコップの形で「コ」を定着させ、そこからの発展で「ユ」「ヨ」をとらえさせましょう。

パーツのトレーニング

接する横画

横から縦に折れ、その終筆に接するように横画を引く単純な運筆ですが、終筆が交わったり、位置がずれて接しなかったりしないよう、先を予測して書き進めさせましょう。

（パーツ3＋パーツ4）＋パーツ3

口伴奏と文字の書き方

コ → コップを横に、折れて下も横

●横から縦に「おれ」を書きます。「おれ」の方向は垂直よりも少し傾けますが、とらえ難いので直角に折って構いません。
●横と縦の長さを同じぐらいにすると書きやすいでしょう。
●コップの縁を辿るようにして、縦の書き終わりに向かって、左から右へと書き進め、接するようにしておさめます。

ユ → 折れて、長く、「一」を書こう

●「コ」と同じように「おれ」を書きます。縦方向を垂直にすると字形は不安定になりますが、書きやすさを優先し、「コ」と同様の「コップ」状にとらえてもさせてもよいでしょう。
●二画目を長く書いて、「コ」との違いをはっきりさせます。

ヨ → 折れて、中に「一」「一」で閉じる

●「コ」に「一」を書き加えるのではなく、筆順通りに書き進めて、終筆の交差を防ぎましょう。

チャレンジ「まちがいさがし」

コリのはな（コ→ユ）　ユッペパン（ユ→コ）
ユーグルト（ユ→ヨ）　ユーヒー（ユ→コ）
ヒココ（コ→ヨ）

カタカナ 18

こっぷをよこに、ゆっくりと

なまえ

なぞってみよう

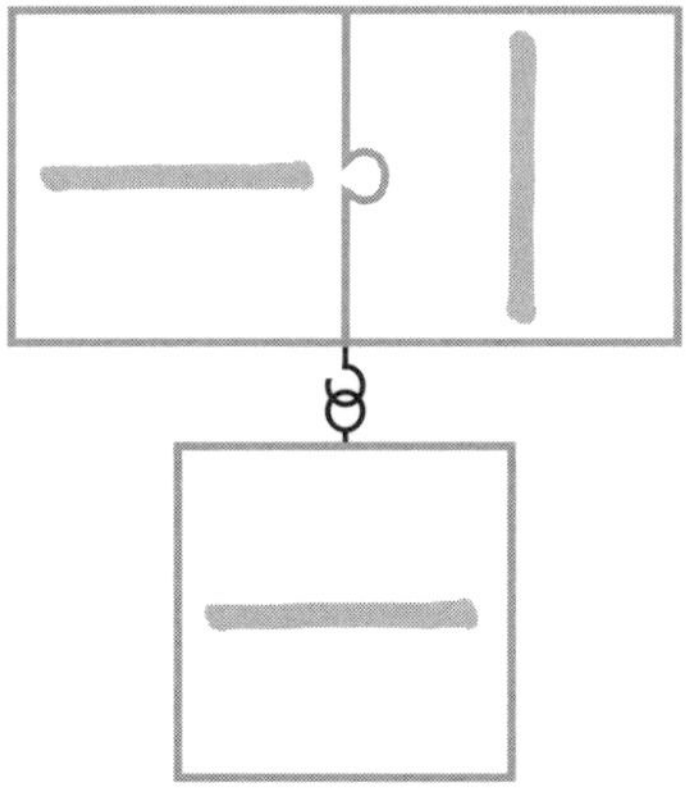

となえながら かいてみよう

コ コ

ユ ユ

ヨ ヨ

こんな ことばが かけるよ

コ □ップ

ユ □メ

ヨ □ーグルト

19 ろっかーは、どこ？【ロ】

導入の工夫

四角いロッカーのイラストから、字形と読みをとらえさせます。「書き進め方」を知らずに覚えると、ぐるっと円を描く要領で一筆書きをしてしまいます。かといって、単に四角い形を示すのでは不十分です。はじめに縦を書いてから、「コ」を書くように意識づけるためにも、ロッカーの枠と扉のイメージが重要になるのです。

パーツのトレーニング

筆順の確認

筆順に意識をもたせるためのトレーニングです。直線的なパーツを、あえて曲線でとらえています。

「書き進め方」を、実線で示した「つながり」としてとらえさせましょう。

パーツ4＋(パーツ3＋パーツ4)＋パーツ3

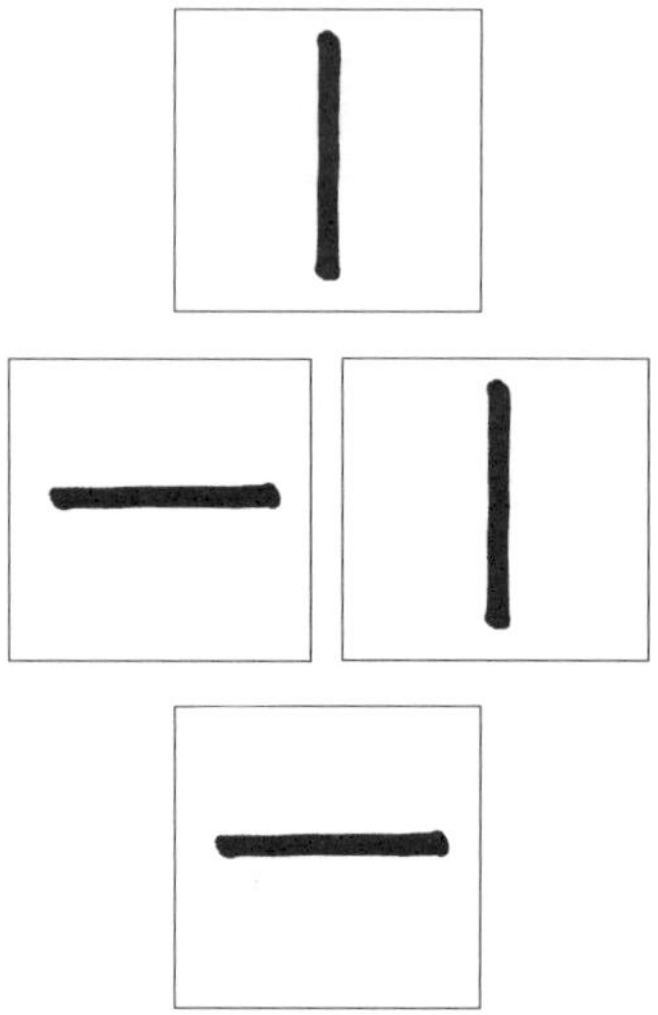

ロ伴奏と文字の書き方

ロ ➜ ロッカーのふち、縦、横折れ、横で閉じる

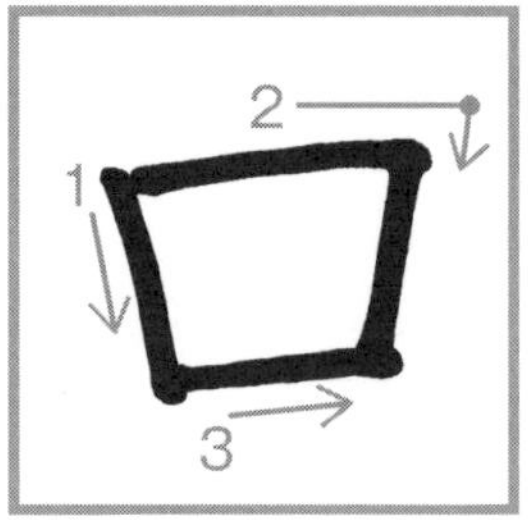

- 最初に書く縦画は、その後に書く点画の長さや方向を決定します。四角いロッカーの高さをイメージして、書き出し位置や長さ、方向を定めましょう。
- 「おれ」は、少し下方に狭く書くと字形が整います。ただ、それを意識すると各々の点画の終筆の処理（接し方）が難しくなると思われます。書きやすさを優先しましょう。
- ここでは、筆順通りに四角い形が書けるということを第一の目標にすえましょう。漢字書字の際に、大いに役立ちます。

つかってみよう

コロコロ、ウロウロ、オロオロ、ケロケロ、ホロホロ、ボロボロ、ポロポロ
ノロノロ、ヘロヘロ、メロメロ、ヨロヨロ、チンチロリン
※何の、どんな様子を表すときに使うことばかな。

カタカナ

19 ろっかーは、どこ？

なまえ

なぞってみよう

となえながら　かいてみよう

ロ

ロ

こんな　ことばが　かけるよ

□《ロ》ッカー

□《ロ》バ

マカ□《ロ》ニ

20 したむきの とげ 【ト】【ム】

導入の工夫

美しいバラの茎には、尖ったトゲがあります。縦画の中ほどから、接し方に気をつけて、下向きに点を書き加えます。このとき、二画目の角度や長さが字形を決定するので注意が必要です。「ム」も同様に、二画目の角度や長さに注目させましょう。

パーツのトレーニング

点の位置と「おれ」

「ト」の二画目は、点を書くより、斜め線を引くようにして、しっかりと方向を定めさせましょう。

「ム」は／から横方向へ、右上はらいを書く要領で進めます。

パーツ4＋パーツ2

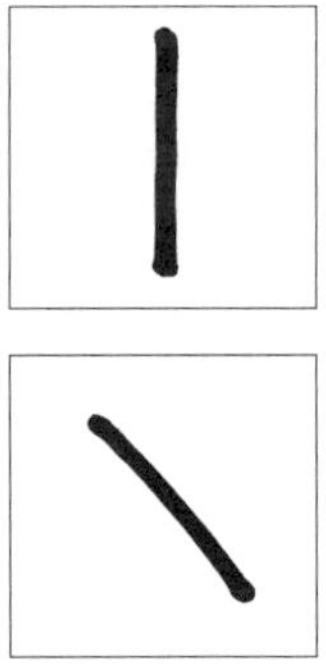

「ム」の「おれ」

口伴奏と文字の書き方

ト ➔ まっすぐ下に、茎のまん中、下向きのトゲ

- 縦画を、始筆、終筆に気をつけて、まっすぐに書きます。
- その中ほどから、右下に斜めの線を書きましょう。「点」というより、線でとらえ、終筆は「とめ」にしましょう（●）。

ム ➔ 斜めに進んでひと休み、すくい上げたら右下に点

- 右上から左下に、斜めにおりてきます。下でピタッと止まりましょう。「おれ」では、方向を変える前に一度止まります。
- 続けて「右上はらい」を書きましょう。
- 全体の形が三角形になるように、長めに点を書きましょう（●）。

チャレンジ 「ことばのかくれんぼ」

トントントマトトントマト　トントントケイトンケイト

トトトド　トドトド　トドドレ　トモダチ　トトともだち

ムダムシダムムカシムラハムムネラムネムラサキムカデ

カタカナ

20 したむきの とげ

なまえ

なぞってみよう

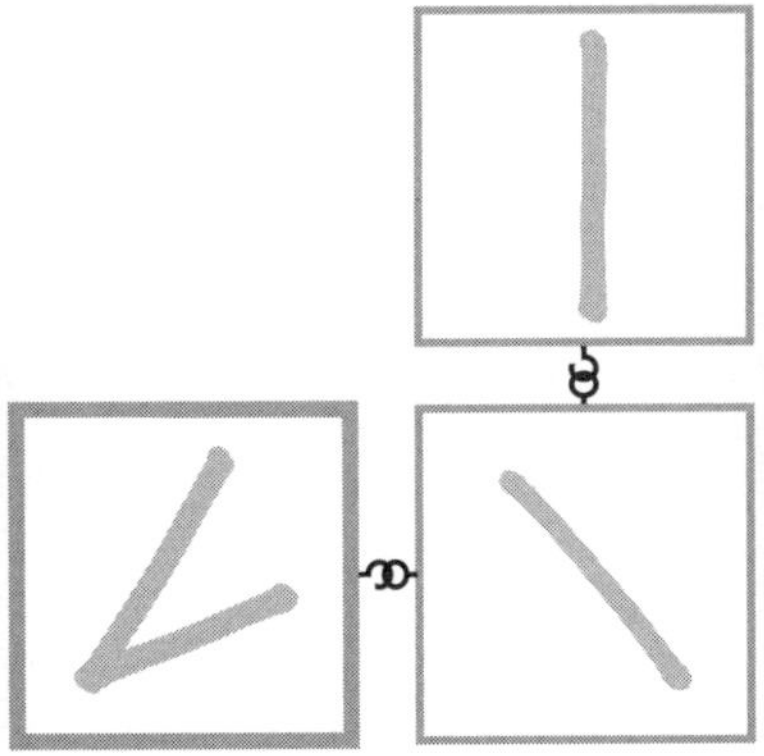

となえながら かいてみよう

ト ム

ト ム

こんな ことばが かけるよ

ハ □ ト

□ ム シ

□ ト マ

□ ト

21 へいも、へっちゃら【へ】

導入の工夫

「こんなのヘイキ」とでもいうような余裕の動きで、ネコが塀をとび越えているイラストです。斜めに上がってから下がるという動きを感じとることができるでしょう。「ヘイ」「ヘイキ」ということばも合せて確認させるとよいでしょう。

パーツのトレーニング

一筆書き

棒を折り曲げたような、単純な形です。形のとらえは、ストローや針金などの身近な物でも可能ですが、ここでは動きを重視し、左下から右上に、その後、右下にさがっていく「山型」を辿ります。

パーツ3から変形

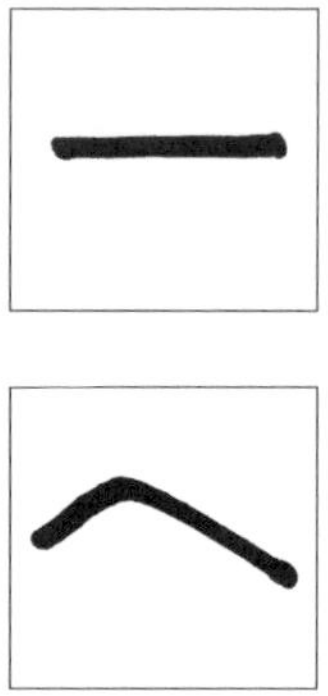

口伴奏と文字の書き方

へ ➜ へいもへっちゃら、左から、少しのぼってひと休み 後は右に、ぐぐっと下がる

- 書き進める方向を見とおして、左中ほどのスペースから書き始めましょう。
- 右上に書き進め、「へい」の上方をとび越えられる最上の位置で軽く止まります。
- 直角より少し広めに向きを変えて、右下の地面にとびおりるように下げていきます。
- 外形を横広にとらえて、長く引っ張り過ぎないようにし、書き終わりをしっかりと「とめ」にしましょう。

ことばあそび

ヘイキでヘラヘラ　ヘンジがヘタクソ　ヘビみてヘナヘナ　へのへのモヘジ
ヘラブナつれずに　ヘンなのかかった　ヘイの上空　とぶヘリコプター

カタカナ《かたかな》

21 へいも、へっちゃら

なまえ

なぞってみよう

となえながら かいてみよう

こんな ことばが かけるよ

ヘ □イ

ヘ □ビ

ヘ □リコプター

22 ひこうき、みえた【ヒ】

導入の工夫

横向きに座って空を眺めている人が、飛行機を見つけて、思わず指さしした姿を表しています。「ヒ」の一画目は、腕を空に向けて突き上げる様子をとらえ、左から右に書き進める動きとして定着させましょう。

パーツのトレーニング

し（まがり）

「まがり」は腰をまげて座っている人の姿からとらえます。ここでは、「おれ」との違いを確認して、ゆっくり角度を変えていく練習をしましょう。

パーツ4～パーツ3

「まがり」

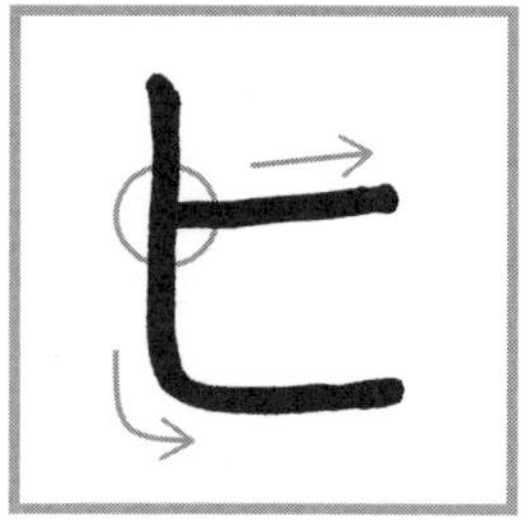

口伴奏と文字の書き方

ヒ ➜ 腕のばし、座った姿、腰ぐにゃり

- 左から右に、少し右上がりに「一」を書きます。
- 先程の「一」の書き始めに接するように、縦に書き進めます。交わらないよう予測して書くために、座っている人の脇の部分をイメージさせましょう。
- 下の方まで書き進めたら、少しずつ右に曲げていきます。
- 水平方向まで進んだら、ぐいっと右横に引っ張ります。

チャレンジ 「まちがいさがし」

正しいのはどれかな。

「コーヒー　ヒーロー　ヒコウキ」を書いて「ヒ」「コ」「ロ」の違いもたしかめましょう。

カタカナ 22

ひこうき、みえた

なまえ

なぞってみよう

となえながら かいてみよう

ヒ

ヒ

こんな ことばが かけるよ

ア□ル（ヒ）

□ヨコ（ヒ）

□コウキ（ヒ）

23 かえるが、かえる【カ】

導入の工夫

丸い大きな葉っぱにカエルがいます。横方向の画から折れて少し弧を帯び、終筆に「はね」のある一画目の動きと、それに交差させる左はらいをイラストからとらえさせます。「はね」は、カエルのはねる様子を想像して重ね合わせるとよいでしょう。

交差：（パーツ3＋パーツ1「はね」）＋パーツ1

パーツのトレーニング

「はね」とつながり

横からの「おれ」の後は、弧を帯びさせます。下方まで進んだら、そこで止まって「ピョン」とはねます。

はねた後は、上方につながり、「ノ」に結びつけましょう。

口伴奏と文字の書き方

カ ➜ 折れてカーブ、止まってピョン、交差で「ノ」

- 少し右上がりに短く横に、折れてからは弧を帯びさせます。
- 下方で一呼吸、その後、ピョンとはねましょう。
- はねた先からの「つながり」を大事にして書き出し位置を決め、横画に交差させます。
- 平仮名の「か」では二筆目の終筆を「とめ」にして、三筆目につなげますが、ここでは、サーっとはらう動きをとらえて「ノ」を書きます。

チャレンジ　「早口ことば」

カエルピョコピョコ　ミ（3）ピョコピョコ
アワセテピョコピョコ　ム（6）ピョコピョコ

コラム

発音の問題（側音化構音／カ行の発音）

娘は小さい頃「カ行」の語が言えず、私を「おあーさん」と呼び、「ケロケロ」は「エロエロ」と言っていました。言語療法士さんがすすめてくれたのが「怪獣ごっこ」。翌日、三島駅から乗った新幹線の中で、親子で「ガオー、ガオー」……。段々小声にしていったところ、名古屋に到着したときには、はっきり「おかあさん」と発音できました。

カタカナ

23 かえるが、かえる

なまえ

なぞってみよう

となえながら かいてみよう

カ

カ

こんな ことばが かけるよ

カエル

カラー

カメ

カニ

24 いいね、やじろべえ【ネ】

導入の工夫

腕を下に向けたやじろべえから、「ネ」の形状をとらえます。上部の点は頭の部分で、「おれ」からの左はらいは肩から左の腕の部分に見立てます。その後に主軸を書き、最後に右側の腕を、斜め右下へとしっかり押さえて書きましょう。

パーツのトレーニング

まとめ：縦、横＋ノ、＼

この全四画に、点画のパーツが含まれています。

特に横画からの「おれ」に続く「左はらい」と他の画との接し方を確認し、終筆もはっきり書きましょう。

パーツ2＋(パーツ3＋パーツ1)＋パーツ4＋パーツ2

口伴奏と文字の書き方

ネ ➜ やじろべえ、頭、肩から左腕、まん中書いて、最後は右腕

- 中心部分に点を書きます。
- その点に接しないよう横画を書いて、左はらいを続けます。サーっとはらう際は、下にはらい過ぎないようにしましょう。
- 最初の点と中心の位置を揃え、はらいの中ほどから、縦画を短く書きます。
- 最後は長めに右腕部分を書いてとめ（●）、左はらいの角度（↙）と対称的になるよう、方向に注意させましょう。

つかってみよう

クネクネ、ネバネバ、ネトネト、ネチャネチャ、ネエネエ……

※どんな様子を表しているかな。

話しことばの最後に「ネ」をつけると、親しみを感じます。ただし、この「ネ」は、だれにでも使ってよいという言い方ではありません。どんなときに使えるか、どんなときには使えないのか、友だちと話し合ってみましょう。

カタカナ 24

いいね、やじろべえ

なまえ

なぞってみよう

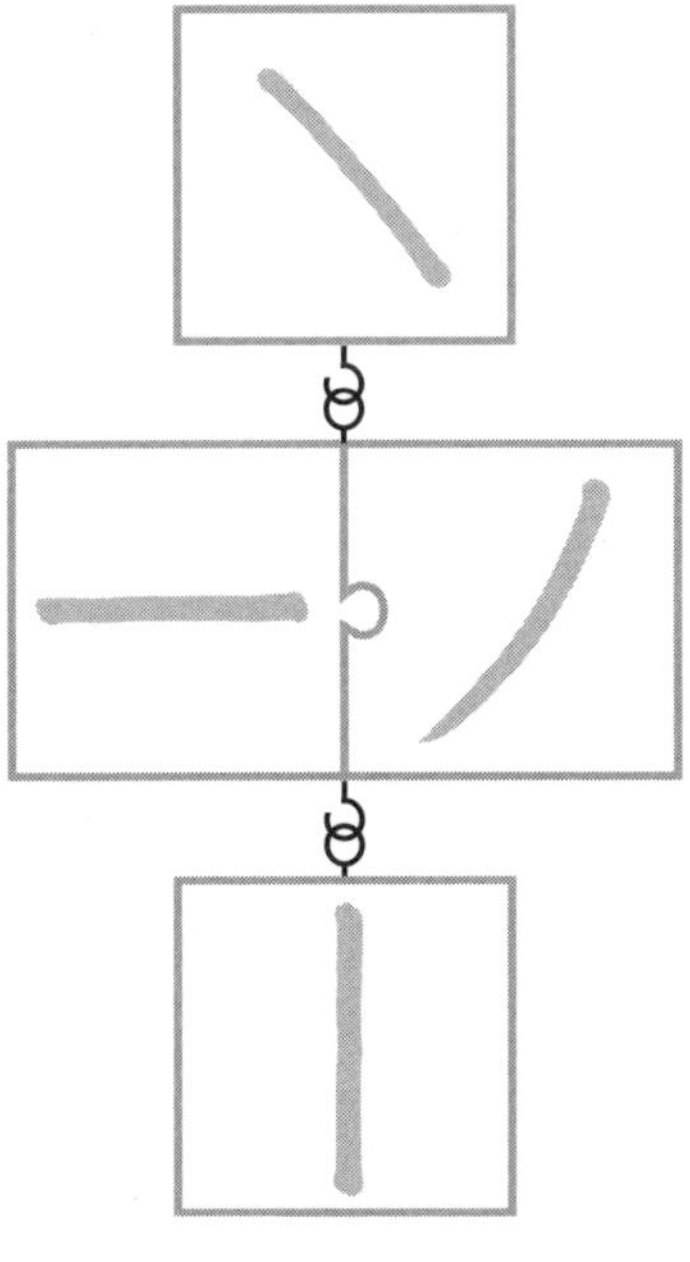

となえながら かいてみよう

ネ

ネ

こんな ことばが かけるよ

ネコ

ネズミ

ネックレス

【著者紹介】

杉﨑　哲子（すぎざき　さとこ）

静岡大学教育学部教授

三重県生まれ。静岡大学大学院教育学研究科修了。

三重県や静岡県の小・中学校，高等学校で国語や書道を担当，静岡大学教育学部・人文学部，また教育学部附属静岡小学校で非常勤講師，名古屋の中高一貫校教諭を経て平成23年４月から静岡大学教育学部の国語講座に所属。芸術文化課程書文化専攻の教室代表を務めている。専門領域は書写・書道教育。小学校から大学までの教育経験をもとに，発達段階を考慮し学習者の立場を考えた教育のあり方を追究。近年は書写と国語との融合を図り，附属校や海外の補習授業校において実践を進めている。主な論文・著書／「小学校国語科書写における自己評価活動の実践的考察」，「中学校国語科書写における硬筆指導の方向性に関する考察」，「書く学習の意義と可能性」など，論文多数。『文字文化と書写書道教育』（共著，萱原書房），『改訂／大学書写・書道教育』（共著，第一法規），『小学校の全漢字1006字の「書き」ラクラク覚え方辞典』（単著，明治図書）等。

全国大学書写書道教育学会理事，静岡県大学書道学会会長，日本国語教育学会所属，検定教科書「書写」編集委員，日本武道館『月刊／書写書道』手本執筆・審査員，読売書法会評議員，謙慎書道会理事

〒422-8529　静岡市駿河区大谷836　静岡大学教育学部

Tel & Fax：054-238-4587　E-mail：sugizaki.satoko@ipc.shizuoka.ac.jp

本文イラスト　木村美穂

装丁　よつば舎 あべみちこ

文字を書くのが苦手な子どものための

「ひらがな・カタカナ」ラクラク支援ワーク

2016年３月初版第１刷刊　©著　者　杉　﨑　哲　子

2021年11月初版第８刷刊　発行者　藤　原　光　政

発行所　明治図書出版株式会社

http://www.meijitosho.co.jp

（企画・校正）木村　悠

〒114-0023　東京都北区滝野川7-46-1

振替00160-5-151318　電話03(5907)6702

ご注文窓口　電話03(5907)6668

＊検印省略　組版所　中　央　美　版

Printed in Japan　ISBN978-4-18-222819-3